Wolfgang Kau

—

Leitfaden zu Wagners Ring

Wolfgang Kau

Leitfaden zu Wagners Ring

Die Walküre

Königshausen & Neumann

Umschlagabbildungen:

Vorderseite:
Devotchkah: Colorful backgrounds © Envato.com

Rückseite:
Bühnenbildentwurf von Helmut Jürgens für „Walküre“ von R. Wagner,
Aufführung München 1952
Wikicommons: https://de.m.wikipedia.org/wiki/Datei:Wagner,_R._Walk%C3%BCre_%28M%C3%BCnchen,_1952%29.JPG
(Letzter Zugriff: 22.06.2022)

Bibliografische Information der Deutschen Nationalbibliothek

Die Deutsche Nationalbibliothek verzeichnet diese Publikation in der Deutschen Nationalbibliografie; detaillierte bibliografische Daten sind im Internet über http://dnb.d-nb.de abrufbar.

Gedruckt auf säurefreiem, alterungsbeständigem Papier
Umschlag: skh-softics / coverart

Printed in Germany
ISBN 978-3-8260-7658-9
www.koenigshausen-neumann.de
www.ebook.de
www.buchhandel.de
www.buchkatalog.de

Inhalt

Für Carola und
Sebastian Beatus

Vorwort

Der abwehrende Seufzer „*Kommen Sie mir nicht mit dem Text!*" begleitet den *Ring* so hartnäckig wie ein Fluch. Kaum ein anderes Kunstwerk wird einerseits (Musik) so enthusiastisch verehrt und andererseits (Text) so hartnäckig verschmäht. Die Abneigung gilt dem Kern der Verehrung. Denn die Musik ist nur ein Spiegelbild des Dramas, das der Text auf der Bühne entfaltet. Wagner war der erste, dem das auffiel: „*Sonderbar! Erst beim Komponieren geht mir das eigentliche Wesen meiner Dichtung auf: überall entdecken sich mir Geheimnisse, die mir bis dahin noch verborgen blieben,*" schrieb er an Franz Liszt.

Die Unlust am Text hat Gründe. Das *Gedicht*, wie Wagner gerne schrieb, ist sperrig. Der gewundene Satzbau, der artifizielle Zeilenumbruch und eigenwillige Wortschöpfungen Wagners stören den Lesefluss und schrecken ab. Auch inhaltlich tun sich Rätsel auf. Was geschah seit dem Schlussvorhang des *Rheingold?* Warum hadert Siegmund so affektiert mit seinem Namen? Weshalb lenkt Wotan gegenüber Fricka ein, obwohl er sich so fest vorgenommen hatte, ihr standzuhalten? Warum missachtet Wotans Lieblingstochter Brünnhilde seinen klaren Befehl? Weshalb gewährt Wotan der „Verbrecherin" Strafmilderung - aus Liebe oder aus taktischem Kalkül? Diese und viele weitere Fragen beantwortet der Ringtext nicht, jedenfalls nicht auf Anhieb. Dieses Dickicht hat System. Im Nibelungenlied und seinen anderen Quellen bediente sich Wagner wie in einem verwaisten Steinbruch. Aus fremdem und altertümlichem Material formte er nach eigenem Gutdünken ein zeitlos aktuelles Menschheitsdrama. Das Resultat hat nichts mit Göttern, Riesen, Zwergen oder drachentötenden Helden zu tun. Die Zuschauer und deren irdische Vorlieben stehen im *Ring* auf der Bühne.

Wer sich dem Ringtext unter diesem Blickwinkel vorurteilsfrei nähert, wird bleibend belohnt. Denn das Textdrama ist so vielschichtig wie die Musik. Und die Musik hört mit anderen Ohren, wer den Text kennt und versteht. Die Reibungen, die Wagner zwischen Text, Handlung und Musik spannungs- und beziehungsreich anlegt, erschließen sich nur und erst in einer Gesamtschau. Dieser *Leitfaden* führt Zeile für Zeile durch den ungekürzten Sprachtext der Orchesterpartitur. Aus solcher Nähe wird das von Weitem spröde wirkende Ring-Drama unerwartet lebendig und nicht selten gar unterhaltsam. Querverweise, die den Lesefluss stören würden, stehen in Fußnoten. Die Zahlen hinter dem Kürzel „Tz“ beziehen sich auf die Textzeilen am Rand. Möge dieser *Leitfaden* den Zugang zum Kern des *monumentalsten Kunstwerkes des 19. Jahrhunderts* (Alex Ross) auf vergnügliche Weise erleichtern.

Großer Dank gebührt meiner Frau Carola Vulpius, die meine Schwäche für Wagners Werke seit Jahren geduldig und mit liebevoller Nachsicht erträgt und begleitet. Ihr habe ich auch für die mühsame Lektüre meiner ersten Entwürfe und für viele kluge Hinweise zu danken, die mir geholfen haben, Wagners Text und Ideen zu durchdringen. Ebenfalls sehr zu danken habe ich meinen Freunden Nikolaus Blum, Ulrike Christof und Thomas Lother für ihre kritische Lektüre meiner Manuskripte und viele wertvolle Hinweise. Nicht zuletzt gilt mein Dank allen, die an den im Literaturverzeichnis aufgeführten Werken mitgewirkt haben. Ohne diesen Fundus wäre dieses Werk so nie entstanden.

Die Walküre
(Erster Tag)

Vorgeschichte

Zwischen *Rheingold* und *Walküre* vergehen knapp 20 Jahre, in denen Folgendes geschieht:[1] Loge hat sich von den Göttern getrennt.[2] Fafner hat sich nach dem Brudermord in einen gefürchteten Drachen verwandelt und mit dem Goldschatz (dem *Hort*) in eine entlegene Waldhöhle zurückgezogen. Mit dem Gold, dem Tarnhelm und dem Ring kann (und will) er dort nichts anfangen.[3] Wotan hat Erda gesucht und gefunden. Sie erklärt ihm, dass den Göttern der Untergang droht, weil der göttliche Raubzug in Nibelheim fundamental gegen die Regeln und Werte verstieß, auf denen die Herrschaft der Götter beruht. Von ihm *bezwungen*, wie Erda die Modalitäten ihrer unterirdischen Begegnungen mit Wotan später zurückhaltend nur in Umrissen andeuten wird,[4] gebiert sie Wotans Lieblingstochter Brünnhilde, die erste der neun Walküren.[5] Auch auf Erden bleibt Wotan nicht untätig. Sein *großer Gedanke* aus der Schluss-Szene des *Rheingold* ist nach Gesprächen mit Erda zu zwei Plänen gereift. Für seinen Wälsungen-Plan zeugt Wotan mit einem Wolfsfell getarnt unter dem Decknamen *Wälse* mit einer Menschenfrau die Zwillinge Siegmund und Sieglinde, die Wälsungen. Siegmund soll als freier und nicht durch Verträge gebundener Held tun, was Wotan kraft seines Vertrags mit den Riesen eigenhändig verwehrt ist oder zumindest verwehrt erscheint: Fafner den Ring rauben und diesen an die Rheintöchter zurückgeben.[6] Sieg-

---

1 Dazu ausführlich und instruktiv: Deryck Cooke, *The World End*, S. 277f.

2 Siehe Tz 586f.

3 Originalton des Drachen Fafner im *Siegfried* Tz 866f.: *Ich lieg' und besitz': lasst mich schlafen!*

4 Siehe *Siegfried* Tz 1344–1346.

5 Die Walküren, die Wählerinnen der Gefallenen, bestimmen *(küren)* auf Anordnung Wotans die Helden, die auf weltlichen Schlachtfeldern sterben müssen (Wal), damit die Walküren die Gefallenen mit ihren fliegenden Pferden nach Walhall (Halle der Gefallenen) verbringen können; siehe Tz 604–610.

6 Der Wälsungen-Plan beinhaltet mehrere Schritte. Den ersten und ihm vermutlich sehr angenehmen Schritt hat Wotan vor etwa 20 Jahren erledigt: er hat mit einer Menschenfrau einen Helden gezeugt, der Fafner

mund und Sieglinde werden im Kindesalter bei einem Brandüberfall auf ihr Elternhaus getrennt, ihre Mutter wird getötet. Sieglinde wird verschleppt und von *Schächern* mit Hunding, einem gesetzes- und regeltreuen Gegenentwurf zu Siegmund, zwangsverheiratet. Siegmund wächst unter Wotans Obhut in irdischen Wäldern zu einem Freigeist heran, der fremde Regeln – göttliche wie menschliche – konsequent missachtet und ohne Rücksicht auf Sitten und Gesetze vorzugsweise dem eigenen Herzen folgt. So geprägt stiftet und erleidet Siegmund nach Wotans Verschwinden – für ihn selbst unerklärlich – unter Menschen allein Streit und Unheil. Für seinen zweiten Plan, den Walküren-Plan, zeugt Wotan mit ungenannten (vermutlich göttlichen)[7] Müttern acht weitere Walküren. Das Motiv für diesen Teil seiner verzweigten Familienplanung ist militärischer Natur. Erdas Warnung vor dem Untergang der Götter (*dem schmählichen Ende der Ew'gen*)[8] hat Wotan tief beunruhigt. In konventioneller Gedankenbahn eines Autokraten fürchtet er, Al-

---

töten und den Ring abnehmen soll. Wesentlich schwerer tut sich Wotan mit dem zweiten und entscheidenden Schritt, der Rückgabe des Rings in den Rhein. Selbst nachdem er im *Rheingold* seinen *großen Gedanken* fasste (siehe dort die Regieanweisung nach Tz 1150), wirkte Wotan nicht zur Rückgabe des Rings an die Rheintöchter entschlossen. So befahl er Loge kurz nach seinem *großen Gedanken*, den Bittgesang der Rheintöchter zu beenden. Und selbst wenn Wotan nachher im Gespräch mit Fricka für seinen ausgereiften Wälsungen-Plan werben wird, wird ihm der stärkste Pluspunkt seines Vorhabens, die Rückgabe des Rings an die Rheintöchter, nicht über die Lippen kommen; Tz 478–483. Nicht besser wird Wotan nachher in seinem Selbstgespräch vor Brünnhilde agieren. Dort referiert Wotan unnötig ausführlich den seiner Zuhörerin bestens vertrauten, ziemlich unsinnigen Walküren-Plan (siehe Tz 619–627). Als er endlich den Wälsungen-Plan anspricht, gleitet Wotan in ziellose Verzweiflung ab, bevor er seine Bereitschaft zur Rückgabe des Rings in den Rhein bekennen könnte oder müsste (siehe Tz 643–657). Erst 20 Jahre und drei verlorene Kinder später wird sich Wotan im Gespräch mit einer schlaftrunkenen Jenseitigen (Erda) erstmalig zu seiner Rückgabeabsicht bekennen (*Siegfried* Tz 1397–1402). Wie sehr Wotan selbst dann noch mit seinem Entschluss zur Rückgabe des Rings in den Rhein hadert, wird in Waltrautes Bericht über Walhall in der *Götterdämmerung* deutlich (siehe dort Tz 425–460): nur *wie im Traume* und *raunend* kommt Wotan die entscheidende Botschaft nur unter vier Augen über die Lippen.

[7] Frickas besondere Empörung über Wotans Affäre mit der irdischen Mutter von Siegmund und Sieglinde (Tz 465–468) spricht dafür, dass Wotans andere Affären Göttinnen galten; ebenso: Torsten Meiwald, *Randbemerkungen*, S. 194.

[8] Siehe Tz 618.

berich könnte mit seinen *nächtlichen Schaaren* gegen Walhall ziehen und die Götterherrschaft militärisch beenden.[9] Zum Schutz gegen einen solchen Überfall beauftragt Wotan die Walküren mit dem Aufbau einer Verteidigungsarmee in Walhall. Als Rekruten bedienen sich die Götter einer Elite, die auf Erden niemand mehr braucht: Helden, die auf irdischen Schlachtfeldern besonders tapfer gefallen sind. Um den steten Nachschub an wehrtauglichen Heldentoten (*erschlagenen Siegern*)[10] sicherzustellen, betätigen sich die Götter insgeheim als Kriegstreiber.[11] Ein Ausschnitt aus dieser makabren Sammelaktion ist der populäre Walkürenritt in der ersten Szene des dritten Aufzugs.

---

9 Siehe Tz 615–627 und *Siegfried* Tz 1370–1373.

10 So Wagner im großen *Prosaentwurf Der junge Siegfried.*

11 Siehe Wotans Eingeständnis gegenüber Brünnhilde in Tz 619–627.

Erster Aufzug

(Das Innere eines Wohnraumes)

Wagner is using our ears as a second pair of eyes.
(Robert Donington)[12]

Erste Szene

Wenn sich nach etwa drei Minuten[13] eines stürmischen Orchestervorspiels der Vorhang öffnet, sehen wir einen Wohnraum, in dessen Mitte der Stamm einer mächtigen Esche steht. Der Stamm und die sich nach allen Seiten ausstreckenden Äste sollen nach Wagners Vorgaben exakt durch Öffnungen im Dach passen. Rund um den Eschenstamm ist aus roh behauenem Holz ein Saal gezimmert. Das einsam im Wald gelegene Wohnhaus gehört Hunding,[14] der lieblos und abweichend von Wagners Quelltexten kinderlos[15] mit Siegmunds Zwillingsschwester Sieglinde verheiratet ist.

Die Bühne bleibt zunächst eine Weile leer. Es ist Abend und draußen klingt ein starkes Gewitter ab, das Wotan inszenierte, um Siegmund in das Wohnhaus seiner Zwillingsschwester zu lotsen. Dort hat Wotan das einzige Schwert deponiert, mit dem der Drache Fafner getötet werden kann.[16] Siegmund soll den Drachen töten, um Wotans *großen Gedanken* aus dem *Rheingold* zu realisieren.[17] Siegmund öffnet die Eingangstür und tritt ein. Er wirkt *von übermäßiger Anstrengung erschöpft*; sein Gewand und sein Aussehen

---

[12] Robert Donington, *Wagner's Ring*, S. 251.

[13] Während der ersten 111 Takte bleibt der Vorhang geschlossen.

[14] Die klangliche – nicht etymologische – Assoziation dieses Namens mit Hund ist kein Zufall: treu und ergeben wie ein Hund seinem Besitzer, dient Hunding den traditionellen Wertvorstellungen seiner Zeit. Näher dazu: Herfried Münkler in: Udo Bermbach (Hrsg.), *Alles ist nach seiner Art*, S. 147. Pointiert dazu auch Torsten Meiwald, *Randbemerkungen*, S. 16: *Hunding, dieser brave Spießbürger der Vorzeit, fügt sich dem Gesetz, ohne mit der Wimper zu zucken.*

[15] Näher zu den betreffenden Implikationen: Torsten Meiwald, *Randbemerkungen*, S. 60ff.

[16] Dieser Hintergrund der väterlichen Schwertschenkung wird im Detail erst aus *Siegfried* Tz 17–20, 22f. und 411–421 hervorgehen.

[17] Siehe *Rheingold* Regieanweisung nach Tz 1150, *Walküre* Tz 183f., 193–196, 226–253, 501–513, 671–674 und *Siegfried* Tz 13–24, 411–421.

zeigen, dass er auf der Flucht ist. Da er niemanden sieht, schließt er die Tür und tritt *mit der äußersten Anstrengung eines Todmüden* auf den Herd zu, wo er sich ermattet auf einer Decke von Bärenfell niederwirft.

(Siegmund.)
Wess' Herd dies auch sei,
hier muss ich rasten.

Siegmund sinkt zurück und bleibt regungslos ausgestreckt liegen. Sieglinde tritt aus der Tür des inneren Gemachs in die Stube. Sie glaubt, Hunding sei heimgekehrt. Ihre (darum) ernste Miene zeigt sich verwundert, als sie den Fremden entdeckt.

(Sieglinde, noch im Hintergrund.)
Ein fremder Mann?
Ihn muss ich fragen.

(Sie tritt näher.)
Wer kam ins Haus
und liegt dort am Herd?

Da sich Siegmund bei ihrem Eintreten nicht rührt, tritt Sieglinde näher und betrachtet den Eindringling.

(Sieglinde.)
Müde liegt er von Weges Müh'n.
Schwanden die Sinne ihm?
Wäre er siech?

Sie neigt sich hinab und lauscht, ob der Fremde noch atmet.

(Sieglinde.)
Noch schwillt ihm der Atem, das Auge nur schloss er.
Mutig[18] *dünkt mich der Mann, sank er müd' auch hin.*

Siegmund fährt jäh mit dem Kopf in die Höhe und bittet um einen Trank.

(Siegmund.)
Ein Quell! Ein Quell!

---

[18] Hier im Sinne von kräftig.

(Sieglinde.)
Erquickung schaff' ich.

Sieglinde nimmt ein Trinkhorn und geht aus dem Haus. Kurz darauf kehrt sie zurück und reicht Siegmund das frisch mit Wasser gefüllte Horn.

(Sieglinde.)
Labung biet' ich dem lechzenden Gaumen:
Wasser, wie du gewollt.

Siegmund trinkt und reicht das leere Horn zurück. Als er seiner Wohltäterin dankend zunickt, bleibt sein Blick *mit steigender Teilnahme an Sieglindes* Zügen haften. Mit einer Kantilene in hoher Lage souffliert das Solo-Cello, was Siegmund empfindet: in ihm regt sich mehr als unbewusste geschwisterliche Vertrautheit. Seine Freude über den Anblick der Gastgeberin verheimlicht er ihr nicht.

(Siegmund.)
Kühlende Labung gab mir der Quell,
des Müden Last machte er leicht;
erfrischt ist der Mut,
das Aug' erfreut des Sehens selige Lust.

Wer ist's, der so mir es labt?

Auf die Frage, wer sie sei, antwortet Sieglinde karg und vielsagend, das Haus und sie selbst seien Hundings Eigentum. Diese Auskunft, deren Wirkung laut einer Anweisung Wagners während der Bayreuther Bühnenproben im Jahr 1876 durch *eine ziemlich fühlbare Pause, die nicht bloß musikalisch, sondern dramatisch wirken soll*, durch die Darstellerin Sieglindes zu steigern ist,[19] enthält mehr als eine knappe Bestandsaufnahme der (Macht-)Verhältnisse im Hause Hunding. Die beiden Rechtsinstitute, auf die Sieglinde anspielt, Ehe und Eigentum, waren Wagner zeitlebens ein Dorn im Auge. Die Ehe, fand er, degradiere die Frau zum Eigentum des Mannes. Sieglindes fortlaufende Vergewaltigung unter dem Deckmantel einer den Missbrauch formal legitimierenden, jedoch aufgezwungenen Ehe, ist Gesellschaftskritik und ein Plädoyer für wahre und

[19] Siehe Heinrich Porges, *Die Bühnenproben*, Die Walküre, S. 6 sowie den Text einer die Stimmführung Sieglindes kommentierenden Fußnote in der Partitur.

freie Liebe.[20] Auch der zweite Teil von Sieglindes knapper Antwort ist symbolisch aufgeladen. Mag die Entscheidung, Gäste aufzunehmen, dem Hausherrn vorbehalten sein, weiß Sieglinde, wie sie den sympathischen Flüchtling für die kommende Nacht wirksam schützen kann: mit einem Gasttrank. Siegmund kennt den archaischen Brauch offenbar nicht. Er setzt darauf, der Hausherr werde einem Waffenlosen schon nichts antun. Diese humanitäre Hoffnung wird Hunding am späten Abend enttäuschen.[21]

(Sieglinde.)
Dies Haus und dies Weib sind Hundings Eigen.
Gastlich gönn' er dir Rast:
harre, bis heim er kehrt!

(Siegmund.)
Waffenlos bin ich;
dem wunden Gast wird dein Gatte nicht wehren.

Mit besorgter Hast fordert Sieglinde den Fremdling auf, ihr seine Wunden zu zeigen.

(Sieglinde.)
Die Wunden weise mir schnell!

---

[20] Siehe Richard Wagner, *Der Mensch und die bestehende Gesellschaft* (1849): *Unsere bestehende Gesellschaft hat eine furchtbare Macht über uns, denn sie hat absichtlich das Wachstum unserer Kraft gehemmt. Die Kraft zu diesem heiligen Kampfe kann uns nur erwachsen aus der Erkenntnis der Verworfenheit unserer Gesellschaft. Wenn wir klar erkannt haben, wie unsere bestehende Gesellschaft ihrer Aufgabe widerspricht, wie sie gewaltsam und oft vorsätzlich uns abhält, unsere Bestimmung, unser Recht, unser Glück zu erlangen, dann haben wir auch die Kraft gewonnen, sie zu bekämpfen, sie zu besiegen.* Siehe auch Bryan Magee, *Wagner and Philosophy*, S. 119: *One of the reasons why rape is so important in The Ring is that it is the supreme perversion of what is most highly valued. It was Plato, I think, who first said that the corruption of the best is the worst: in Wagner's view the best is love – and, of this, rape is the ultimately pathological manifestation, the ultimate corruption, perversion, inversion, or one might say the ultimate violation.* Was das Eigentum anbetrifft, ist aus Wagners letzten Lebensmonaten in Venedig die Aussage überliefert, der Kampf des *Nicht-Besitzenden gegen die Besitzenden* sei der *allergerechtfertigste*.

[21] Siehe Tz 171–175, 180–182, 191f.

Siegmund schüttelt sich und springt lebhaft auf. In bester Heldenmanier tut er seine Wunden als Kleinigkeit ab und erklärt, dass er zwar einen Kampf verlor, doch nicht seine Arme, sondern seine Waffen versagten. Seine Flucht vor feindlichen Hunden[22] und das von Wotan inszenierte Gewitter[23] trieben ihn zur Erschöpfung. Doch damit ist es nun vorbei. Siegmunds Kraft reicht bereits wieder für ein veritables Kompliment an die Adresse der Gastgeberin: noch schneller, als er den feindlichen Hunden entkam, kokettiert Siegmund, vertreibe ihm Sieglindes Gegenwart seine Erschöpfung.

(Siegmund.)
Gering sind sie, der Rede nicht wert;
noch fügen des Leibes Glieder sich fest.
Hätten halb so stark wie mein Arm Schild und Speer mir gehalten,
nimmer floh ich dem Feind.

Doch zerschellten mir Speer und Schild.
Der Feinde Meute hetzte mich müd',
Gewitter-Brunst brach meinen Leib.

Doch schneller als ich der Meute,
schwand die Müdigkeit mir:
sank auf die Lider mir Nacht,
die Sonne[24] *lacht mir nun neu.*

In strahlendem A-Dur bedeuten die Violinen, was Sieglinde bei diesen Worten empfindet: das *Sieglinde*-Motiv mündet in das *Liebes*-Motiv.[25] Mit beredter Wortlosigkeit geht Sieglinde zum Speicher, wo sie das Trinkhorn diesmal mit Met[26] befüllt. Sie reicht es Siegmund *mit freundlicher Bewegtheit* und der Bitte, den *süßen Trank nicht zu verschmähen*. Siegmund versteht die stille Botschaft

---

[22] Die feindlichen Hunde sind eine Anspielung auf die Gegner, vor denen Siegmund in Hundings Haus floh: Hunding und dessen Sippschaft.

[23] Für eine Inszenierung des Gewitters durch Wotan spricht Frickas Vorhalt in Tz 508–513; zu den musikalischen Begleiterscheinungen dieser Gewitter-Inszenierung siehe Volker Mertens, *Der Ring*, S. 76f. Siegmund ahnt von alledem nichts.

[24] Hier: Sieglindes Gegenwart und ihr Blick.

[25] Was an dieser Stelle allein das Orchester offenbart, wird Sieglinde in Tz 301f. sowie in Tz 305–310 bestätigen.

[26] Zur tieferen Bedeutung dieser Geste: Robert Donington, *Wagner's Ring*, S. 126f.

und setzt eins drauf: er bittet die Gastgeberin, den *süßen Trank* vorweg mit ihren Lippen zu berühren.

(Sieglinde.)
Des seimigen Metes süßen Trank
mögst du mir nicht verschmähn.

(Siegmund.)
Schmecktest du mir ihn zu?

Sieglinde nippt am Horn und reicht es zurück. Siegmund tut einen langen Zug, wobei er seinen *Blick mit wachsender Wärme auf Sieglinde heftet*. Er setzt das Horn ab und lässt es langsam sinken, *während der Ausdruck seiner Miene in starke Ergriffenheit übergeht*. Dann senkt er seinen Blick düster zu Boden und bricht *mit bebender Stimme* die Stille. *Einen Unseligen* habe sie *gelabt*, erklärt er Sieglinde und wendet sich zum Gehen. Noch rätselhafter als sein Verhalten wirkt, was Siegmund erläuternd hinzufügt: er wolle Unheil von Sieglinde abwenden.

(Siegmund.)
Einen Unseligen labtest du:
Unheil wende der Wunsch von dir!

(Er bricht auf.)
Gerastet hab' ich und süß geruht.
Weiter wend' ich den Schritt.

Als Siegmund zur Türe tritt, wendet Sieglinde sich ihm lebhaft zu. Da sie keine andere Erklärung für sein Verhalten findet, will sie wissen, ob er Verfolger fürchtet.

(Sieglinde.)
Wer verfolgt dich, dass du schon fliehst?

Vom Klang ihrer Stimme *gefesselt*,[27] hält Siegmund inne. *Langsam und düster* erklärt er, dass ihn auf Schritt und Tritt Unheil begleite. Darum zu ihrem Schutz wolle er sich entfernen.

(Siegmund.)
Misswende folgt mir, wohin ich fliehe;
Misswende naht mir, wo ich mich neige.

---

[27] Siehe auch Tz 334–337.

Dir Frau doch bleibe sie fern!
Fort wend' ich Fuß und Blick.

Siegmund schreitet schnell zur Tür und hebt den Riegel. Als er schon auf der Schwelle steht, ruft ihm Sieglinde *in heftigem Selbstvergessen* nach: da Unheil schon im Hause wohne, solle er bleiben.

(Sieglinde.)
So bleibe hier! –
Nicht bringst du Unheil dahin,
wo Unheil im Hause wohnt.

Dieser Zuruf ist nach Wagner der entscheidende Wendepunkt der Szene.[28] Siegmund *bleibt tief erschüttert stehen* und forscht in Sieglindes Miene nach dem Sinn ihrer Worte. *Verschämt und traurig* senkt sie ihren Blick. Langsam und wortlos kehrt Siegmund zurück. Den Beweggrund seiner Rückkehr deutet er verstörend diffus an: er will bleiben, weil er sich dereinst *Wehwalt* taufte. Was dieses Selbstetikett bedeutet, erfahren wir später.[29]

(Siegmund.)
Wehwalt hieß ich mich selbst: –
Hunding will ich erwarten.

Siegmund lehnt sich an den Herd und heftet seinen Blick *mit ruhiger und entschlossener Teilnahme* auf Sieglinde, die ihren Blick langsam wieder hebt, bis sich die Blicke beider *in tiefem Schweigen mit dem Ausdruck großer Ergriffenheit* begegnen.

---

[28] Siehe dazu Heinrich Porges, *Die Bühnenproben*, Die Walküre, S. 6: *Große Sorgsamkeit verwendete der Meister auf jenen wichtigen Moment, der den Konzentrations- und entscheidenden Wendepunkt der ersten Szene bildet, wenn Sieglinde dem nach tiefem innern Seelenkampfe zum Fortgehen entschlossenen Siegmund zurückzuhalten sucht. ... In dem durch den Drang einer unsagbaren geheimen Not ihr wie abgezwungen erscheinenden Ausrufe musste zuerst ein angstvoll gepresster Ausdruck liegen, und zwar verlangte der Meister hier ein rückhaltloses Hervorbrechen der ganzen elementaren Tongewalt des Organs. ... Sieglinde ist von ihrem eigenen Geständnis im Tiefsten erschüttert, ... wenn sie ihren Ausruf vollendet, fährt sie erschreckt zusammen und wendet sich ab.*

[29] Siehe dazu Tz 84–86, 123–134 und 344–349.

The Ring is unique amongst great musical stage-works in having at the core of its emotional music-drama a text which is almost as much a 'play of ideas' as a work by Ibsen or Shaw.[30]

Zweite Szene

Sieglinde schreckt hoch und lauscht. Sie hört, wie Hunding sein Pferd zum Stall führt. Hastig geht sie zur Tür und öffnet. Mit Schild und Speer bewaffnet tritt Hunding ein. Als er den Fremdling erblickt, *dessen Gewand und Aussehen zeigen, dass er sich auf der Flucht befindet*,[31] hält Hunding auf der Schwelle an und richtet einen *ernst fragenden Blick* an Sieglinde. Sie weiß, welche Frage den Hausherrn bewegt und blickt standhaft zurück.[32] Grußlos und als habe sie die unausgesprochene Frage nicht verstanden, teilt Sieglinde dem Heimkehrer mit, was nicht zu übersehen ist.

(Sieglinde.)
Müd' am Herd fand ich den Mann;
Not führt' ihn ins Haus.

Ebenfalls grußlos fasst Hunding seine Frage in Worte.

(Hunding.)
Du labtest ihn?

Die scheinbar belanglose Frage hat erhebliches Gewicht. Hundings Wissbegier zielt auf das laut Wagners Quelltexten unantastbare Gastrecht. Dieses schützt über Nacht jeden Gast, dem ein Haus-

---

30 Deryck Cooke, *The World End*, S. 12.

31 So Wagners sinnfällige Regieanweisung zur 1. Szene.

32 Nach Torsten Meiwald, *Randbemerkungen*, S. 15f., erkennt Hunding gleich auf der Schwelle, dass der Fremde der Flüchtling sein muss, der ihm und seinen Hunden soeben entkam: *Hunding ist nicht dumm. Er kommt von der erfolglosen Jagd auf einen Geächteten zurück, und findet im eigenen Haus einen verwundeten, offensichtlich von langer Flucht erschöpften Mann – er müsste mit Blindheit geschlagen sein, wenn er den Fremden nicht sofort identifizierte.* – Diese reizvolle Deutung ist nicht ganz mit Wagners Konzeption der Szene zu vereinbaren. Danach erfährt Hunding erst durch Siegmunds Bericht in Tz 141–160, wer der Fremde ist; Verdacht mag er allerdings schon vorher geschöpft haben.

bewohner tagsüber Unterkunft gewährt.[33] Mit einer Bemerkung, die ihre zarten Empfindungen für den Besucher[34] und den verfänglichen Wechseltrank unerwähnt lässt, verbindet Sieglinde *ruhig und unbefangen* eine harmlos wirkende Erklärung ihres Verhaltens mit einem schwer zu überhörenden Hinweis auf das, wie sie wissen dürfte, ihrem gewalttätigen Ehemann heilige Gastrecht. Siegmund springt der Gastgeberin bei, ohne den grußlosen Hausherrn seinerseits zu grüßen.

(Sieglinde.)
Den Gaumen letzt' ich ihm,
gastlich sorgt' ich sein'.

(Siegmund.)
Dach und Trank dank' ich ihr:
willst du dein Weib drum schelten?

Mit Siegmunds Frage, die weniger eine Frage als ein Tadel ist und darum auch keine Antwort findet, ist das Verhältnis der beiden Männer zueinander geklärt.[35] Unberührt von dieser Dissonanz gewährt Hunding dem Fremdling in vier Worten, was die Sitte gebietet. Und in fünf Worten fordert er gleichen Anstand zurück. Die neun Worte kennzeichnen Hundings Charakter und die ihm von Wagner zugedachte Rolle: Hunding repräsentiert sklavischen Gehorsam gegenüber den Verhaltensregeln seiner Zeit.[36] Nicht Hunding, Siegmund wird diese Regeln brechen.

(Hunding.)
Heilig ist mein Herd:
heilig sei dir mein Haus.

Hunding legt seine Waffen ab und übergibt sie Sieglinde mit der Aufforderung, den Männern das Essen zu bereiten.

(Hunding.)
Rüst' uns Männern das Mahl!

---

33 Näher dazu: Torsten Meiwald, *Randbemerkungen*, S. 15f. sowie im *Nibelungenlied* die 31. Aventiure, Strophen 1858f. und 1892–1894.

34 Siehe Tz 299–302, 305–310.

35 Weiterführend: Torsten Meiwald, *Randbemerkungen*, S. 16.

36 Weiterführend: Torsten Meiwald, *Randbemerkungen*, S. 237ff.

Sieglinde hängt Hundings Waffen an den Eschenstamm. Dann holt sie Speise und Trank aus dem Speicher und bereitet auf dem Tisch das Nachtmahl. Mehrfach fällt ihr Blick auf Siegmund. Hunding mustert derweil aufmerksam Siegmunds Gesichtszüge. Die Ähnlichkeit des Fremdlings mit Sieglinde verblüfft ihn. Vor allem der durchdringende (Wotans-)Blick beider Zwillinge fällt ihm auf.

(Hunding, für sich.)
Wie gleicht er dem Weibe!
Der gleißende Wurm glänzt auch ihm aus dem Auge.[37]

Hunding verbirgt sein Befremden und wendet sich scheinbar unbefangen an Siegmund. Da er vor dem Haus kein fremdes Pferd sah, will er wissen, welche Verlegenheit den Gast fußläufig so tief in den Wald führte. Ahnt er schon, dass der Gast der Todfeind ist, der seinen Hunden vorhin nur knapp entkam?

(Hunding.)
Weit her, traun![38]*, kamst du des Wegs;*
ein Ross nicht ritt, der Rast hier fand:
welch' schlimme Pfade schufen dir Pein?

Statt Auskunft zu erteilen, fragt Siegmund zurück, wohin seine Flucht ihn führte. Ob er das tatsächlich nicht weiß oder mit seiner Gegenfrage nur Hundings Wissbegier ausweichen will, bleibt in der Schwebe. Siegmunds weiteres Verhalten spricht für kalkulierte Vorsicht. Mit Auskünften, wer er ist und wie er (richtig) heißt, hält sich Siegmund in Hundings Gegenwart konstant zurück.

(Siegmund.)
Durch Wald und Wiese, Heide und Hain,
jagte mich Sturm und starke Not:
nicht kenn' ich den Weg, den ich kam.
Wohin ich irrte, weiß ich noch minder:
Kunde gewänn' ich dess' gern.

Siegmunds Frage nach seinen Verhältnissen behagt Hunding, der am Tisch Platz genommen hat, ohne Siegmund einen Sitzplatz anzubieten. Das holt Hunding nun mit stummer Geste nach. Hörbar

---

[37] Der gleißende Blick beider Zwillinge ist unübersehbar Wotans Erbe; siehe Tz 230–238, 339–343, 351–354.

[38] „*Traun?*" entspricht hier der Floskel „nicht wahr?"

stolz stellt er sich und seine gut situierte Verwandtschaft vor. Dann möchte er den Namen des Besuchers erfahren.

(Hunding.)
Dess' Dach dich deckt, dess' Haus dich hegt,
Hunding heißt der Wirt;
wendest von hier du nach West den Schritt,
in Höfen reich hausen dort Sippen, die Hundings Ehre behüten: –

gönnt mir Ehre mein Gast, wird sein Name nun mir genannt.

Die über kurz oder lang zu erwartende Frage versetzt Siegmund in seltsame Verlegenheit. *Stumm und nachdenklich* blickt er vor sich hin. Sieglinde, die neben Hunding Platz genommen hat, *heftet mit auffallender Teilnahme und Spannung* ihren Blick auf den Besucher, der beiden Gastgebern gegenübersitzt. Siegmund will sichtlich nicht verraten, wer er ist. Und belanglos schwindeln, was eigentlich leicht möglich wäre, kann oder will er auch nicht. So starrt Siegmund in zunehmend peinlicher Schweigsamkeit vor sich hin, während Hunding beide Geschwister aufmerksam beobachtet. Schließlich baut der Gastgeber dem vermeintlich Schüchternen eine Brücke, die gegenüber dem Gast von altväterlicher Herablassung und gegenüber der eigenen Ehefrau von schroffer Lieblosigkeit zeugt. Wenn der Gast ihm misstraue, erklärt Hunding, möge er *der Frau hier* seinen Namen nennen. Als sich Sieglinde dieser Bitte *unbefangen und teilnahmsvoll* anschließt,

(Hunding.)
Trägst du Sorge, mir zu vertrau'n,
der Frau hier gib' doch Kunde:
sieh', wie gierig sie dich frägt.

(Sieglinde.)
Gast, wer du bist, wüsst' ich gern.

hören wir den ersten von drei Berichten aus Siegmunds Leben. Der parlierende Ton dieser Berichte verdeckt deren von Wagner bis ins kleinste Detail durchdachte Konstruktion. Jeder der drei chronologisch sortierten Berichte ist auf eine der drei Personen gemünzt, die miteinander am Tisch sitzen. Ohne dass Siegmund das ahnen kann, behandelt sein erster Bericht eine traumatische Kindheitserfahrung Sieglindes. Der zweite Bericht ist ein Selbstporträt des von allen Mitmenschen und sich selbst unverstandenen Erzählers. Der dritte Bericht wendet sich ungewollt mit einer tödlichen Kampfansage an den Hausherrn. Allen drei Berichten ist gemeinsam, dass Siegmund die Tragweite seiner Erzählungen nicht überblickt.

Siegmunds erster Bericht gilt seiner eigenen Kindheit. Auf seine beiden Zuhörer wirkt dieser Bericht sehr verschieden. Für Hunding verliert sich das Berichtete weitgehend in vager Anonymität. Denn alle Details, anhand derer Hunding den Erzähler vielleicht identifizieren könnte, lässt Siegmund weg. Den eigenen Namen gibt Siegmund seltsam umwunden und falsch mit *Wehwalt* an. Wie herauszuhören, ist das nicht sein wahrer Name, sondern nur eine bedauernde Selbstbeschreibung.[39] Den Namen seines Vaters gibt Siegmund falsch mit *Wolfe* statt *Wälse* an.[40] Den Namen seiner Mutter und den seiner verschollen geglaubten Zwillingsschwester verschweigt er ganz. Völlig anders, nämlich wie ein Bericht aus der eigenen Kindheit, wirkt Siegmunds Erzählung auf Sieglinde. Für sie spiegelt, was der Fremde erzählt, unvergessene Wegmarken der eigenen (gemeinsamen) Kindheit: die Zwillingsgeburt als Bruder und Schwester, den wölfisch starken Vater, den während eines Jagdausflugs von Vater und Zwillingsbruder von Fremdlingen verübten Brandüberfall auf das Elternhaus,[41] den gewaltsamen Tod der mutigen Mutter sowie die Trennung der Zwillingsgeschwister im Kindesalter. Einiges deutet darauf hin, dass Sieglinde – anders als Siegmund – schon ab hier ahnt, dass der Fremde ihr verloren geglaubter Zwillingsbruder ist.[42] Für das Publikum ergänzt das Orchester den ersten Bericht um einen mehrdeutigen Hinweis sowie um eine unmissverständliche Information. Mehrdeutig ist der Hinweis des Orchesters auf die Urheber des Brandüberfalls. Das *Hunding*-Motiv lässt offen, ob Hunding an diesem Überfall teilnahm oder nur ähnliche Untaten zu verüben pflegt. Letzteres liegt näher. Denn wie Sieglinde nachher berichten wird, wurde sie Hunding von *Schächern* geschenkt.[43] Sieglinde stammt also wohl nicht als „Beute“ aus einem Überfall, an dem Hunding

---

[39] Siehe Tz 53f. Die Inspiration zu diesem seltsamen Modus der Namensfindung mag Wagner von der griechischen Tragödie *Aias* (Sophokles) empfangen haben. Dort formt der Titelheld (a.a.O. Verse 430–432) seinen Namen aus einem Schmerzensruf.

[40] Siehe Tz 350–354.

[41] Siehe Tz 928–935.

[42] Dafür spricht insbesondere Sieglindes gezielte Frage nach dem Vater des Fremden in Tz 113f., der den besagten Überfall anders als die (gemeinsame) Mutter der Zwillinge überlebte.

[43] Siehe Tz 226–229.

teilnahm.[44] Klarer zu deuten ist der Hinweis des Orchesters (*Walhall*-Motiv) auf einen Umstand, den Siegmund nicht kennt: sein *wehrlicher* Vater ist niemand anders als Wotan.

(Siegmund.)
Friedmund darf ich nicht heißen;
Frohwalt möcht' ich wohl sein:
doch Wehwalt muss ich mich nennen.

Wolfe, der war mein Vater;[45]
zu zwei kam ich zur Welt,
eine Zwillingsschwester[46] *und ich.*

Früh schwanden mir Mutter und Maid;
die mich gebar, und die mit mir sie barg[47]*,*
kaum hab' ich je sie gekannt.

Wehrlich und stark war Wolfe;
der Feinde wuchsen ihm viel.

Zum Jagen zog mit dem Jungen der Alte;
von Hetze und Harst[48] *einst kehrten sie heim:*
da lag das Wolfsnest leer.

Zu Schutt gebrannt der prangende Saal,
zum Stumpf der Eiche blühender Stamm;
erschlagen der Mutter mutiger Leib,

---

[44] In diesem Punkt noch anders lautete Wagners Konzept im großen *Prosaentwurf Die Walküre* (1852). Dort berichtet der Erzähler, Hundings Scham im Gespräch mit (dem dort in dieser Szene anwesenden) Wotan lasse erkennen, dass er (Hunding) um jene Freveltat nicht nur ebenfalls wisse, sondern sogar an ihr teilgenommen habe. Diese klare Zuordnung Hundings zum Kreis der Täter hat Wagner im finalen Text gestrichen. So schwebt im finalen Text ein Verdacht im Raum, der nicht eindeutig bestätigt oder zerstreut werden kann. Näher dazu auch: Torsten Meiwald, *Randbemerkungen*, S. 234f.

[45] Wotan, der sich mit einem Wolfsfell tarnte.

[46] Sieglinde.

[47] Gemeint sind Mutter und Schwester: die Mutter gebar Siegmund und barg ihn gemeinsam mit Sieglinde. Will sagen: weder an seine Mutter noch an seine Schwester hat Siegmund eine taugliche Erinnerung.

[48] Streit.

verschwunden in Gluten der Schwester Spur.
Uns schuf die herbe Not der Neidinge[49] *harte Schar.*

Geächtet floh der Alte mit mir;
lange Jahre lebte der Junge mit Wolfe im wilden Wald:
manche Jagd ward auf sie gemacht;
doch mutig wehrte das Wolfspaar sich.

(Zu Hunding gewendet.)
Ein Wölfing kündet dir das,
den als Wölfing mancher wohl kennt.

Siegmunds irritierende und vorerst persistierende Vorliebe für wechselnde Tarnnamen[50] ist mehr als eine überspannte Marotte. Als von vielen Seiten angefeindeter Einzelgänger will Siegmund gegenüber Fremden nicht vorschnell preisgeben, wer er ist.[51] Daneben ist der Namenshader das äußere Zeichen tiefer innerer Verunsicherung. Weil alles, was er auch in bester Absicht anpackt, durch ihm unerklärliche *Misswende*[52] in Unheil mündet, hadert Siegmund mit der eigenen Identität. Da er sich nach Frieden sehnt, möchte Siegmund *Friedmund* heißen (und sein); und *Frohwalt* wäre er gern, weil er in seinem bisherigen Dasein Freude vermisst. Beide Beobachtungen führen zu zwei Urhebern: auf der Bühne zu Wotan und im wahren Leben zu Wagner. Was Wotan anbetrifft, werden wir im zweiten Aufzug hören, dass er Siegmund zum rücksichtslosen Bruch aller irdischen und göttlichen Regeln erzog.[53] Der ehebrecherische Inzest mit Sieglinde am Ende des ersten Aufzugs ist so gesehen nur eine folgerichtige „Krönung" dieser Charakterprägung oder – was die Dinge besser treffen mag – der absichtsvollen charakterlichen Deformation Siegmunds durch Wotan. In eigener Ratlosigkeit findet Siegmund keinen Ausdruck, der seine missliche Situation treffender bezeichnen würde als das resignierende Selbstetikett *Wehwalt.* Und was den zweiten Urheber anbetrifft, sei an dieser Stelle

---

49 Neidinge sind ehrlose Schurken, die Hass oder Neid antreibt; näher: Torsten Meiwald, *Randbemerkungen*, S. 230ff.

50 Siehe dazu auch Tz 53, 84–86, 344–350, 359.

51 Spuren für ein solches Motiv der Geheimniskrämerei findet man nicht im Ring-Text, wohl aber in den *Heldenliedern der älteren Edda* (Fafnirlied lfd. Nr. 1). Dort verheimlicht Sigurd seinen Namen, weil man in alten Zeiten glaubte, das Wort eines todgeweihten Mannes könne viel bewirken, wenn er einen Feind namentlich verflucht.

52 Siehe Tz 46f.

53 Siehe Tz 672–674.

nur gesagt: so unverstanden, wie er Siegmund als krassen Außenseiter zeichnet, fühlte sich Wagner viele Jahre selbst.[54]

Zurück zum Bühnengeschehen: Wie das *Hunding*-Motiv in der Orchesterbegleitung andeutete, ist Hunding das Muster der von Siegmund beschriebenen Untaten nicht fremd. Dass sich Hunding in Siegmunds Erzählung typologisch als Täter ähnlicher Überfälle wiedererkennt, würde erklären, warum er den aus seiner Sicht eher unspezifischen Bericht nicht unkommentiert im Raum stehen lässt, sondern in Bausch und Bogen als *Wunder und wilde Märe* abtut. Klar ist, warum Hunding mit den Eigennamen *Wolfe* und *Wölfing* nichts anfangen kann. Beide Tarnbezeichnungen hat Siegmund (vermutlich eben erst) frei erfunden.[55] Von dem ungewöhnlich wehrhaften Zweigespann aus Vater (Wotan) und Sohn (Siegmund) hat Hunding hingegen gehört.

(Hunding.)
Wunder und wilde Märe kündest du, kühner Gast,
Wehwalt – der Wölfing!
Mich dünkt, von dem wehrlichen Paar vernahm ich dunkle Sage,
kannt' ich auch Wolfe und Wölfing nicht.

Nach Hundings distanzierendem Kommentar meldet sich Sieglinde mit einer Frage zu Wort, die auf den ersten Blick seltsam wirkt. Der Fremde soll mitteilen, wo sich sein Vater aufhält. Das Motiv der unpassend familiär wirkenden Frage: da Sieglinde die in den *Gluten* des *Wolfsnests* verschwundene Zwillingsschwester Siegmunds ist, hat sie den Brandüberfall, dessen trauriges Ergebnis Siegmund soeben beschrieb, als Kind am eigenen Leib erfahren. Wenn Siegmund der Anblick des niedergebrannten Elternhauses noch lebhaft vor Augen steht, muss die Erinnerung der von diesem Überfall unmittelbar betroffenen Zwillingsschwester traumatisch sein.[56] Darum forscht Sieglinde in aufkeimender Ahnung, dass der Vater des Fremden ihr seit Kindertagen verschollener eigener Vater ist, nach dessen Verbleib.

---

[54] Näher und weiterführend dazu: Robert Donington, *Wagner's Ring*, S. 130–133 sowie Joachim Kaiser, *Leben mit Wagner*, S. 175f.

[55] Siehe dazu Siegmunds spätere Erklärung gegenüber Sieglinde in Tz 350–354.

[56] Diesen Zusammenhang belegt am Folgetag Sieglindes Albtraum in Tz 928–935.

(Sieglinde.)
Doch weiter künde, Fremder:
wo weilt dein Vater jetzt?

Auf Sieglindes Frage berichtet Siegmund in seiner zweiten Erzählung, wie er bei einem weiteren Überfall der *Neidinge* die Spur seines Vaters verlor. Nur das leere Wolfsfell, das er zur Tarnung auf Erden trug, ließ Wotan bei seiner Rückkehr nach Walhall im Wald zurück. Anders als das Orchester, das Siegmunds betrübte Vermisstenmeldung kundig mit dem *Walhall*-Motiv kommentiert, weiß Siegmund nicht, dass Wotan sein Vater ist. Nach dem wortlosen Verschwinden seines Vaters verließ Siegmund den Wald und suchte Kontakt zu Menschen. Doch was immer er dort begann, mündete auch bei bester Absicht in Streit und Unheil.

(Siegmund.)
Ein starkes Jagen auf uns stellten die Neidinge an.
Der Jäger viele fielen den Wölfen[57]*,*
in Flucht durch den Wald trieb sie das Wild:
wie Spreu zerstob uns der Feind.

Doch ward ich vom Vater versprengt;
seine Spur verlor ich, je länger ich forschte:
eines Wolfes Fell nur traf ich im Forst;[58]
leer lag das vor mir, den Vater fand ich nicht.

Aus dem Wald trieb es mich fort;
mich drängt' es zu Männern und Frauen.
Wieviel ich traf, wo ich sie fand,
ob ich um Freund, um Frauen warb,
immer doch war ich geächtet: Unheil lag auf mir.

Was Rechtes je ich riet, andern dünkte es arg;
was schlimm immer mir schien, andre gaben ihm Gunst:
in Fehde fiel ich, wo ich mich fand;
Zorn traf mich, wohin ich zog;
gehrt' ich nach Wonne, weckt' ich nur Weh.

Drum musst' ich mich Wehwalt nennen,
des Wehes waltet' ich nur.

---

[57] Wölfe = Wotan als Wolfe mit Siegmund.

[58] Das Wolfsfell trug Wotan zur Tarnung, um Siegmund unerkannt begleiten zu können.

Siegmund blickt zu Sieglinde und bemerkt ihren teilnehmenden Blick. Sie schweigt. Wie sie Siegmund nachher unter vier Augen anvertrauen wird, geht es ihr ähnlich. Auch Sieglinde fremdelt mit Menschen.[59] Einzig Siegmund fühlt sie sich seit dem ersten Blickwechsel vertraut. Hunding behagt der Fremdling dagegen nicht. Seine Abneigung kaschiert er als bedauernswerte Ungunst der Schicksalsgöttin.

(Hunding.)
Die so leidig Los dir beschied, nicht liebte dich die Norn:
froh nicht grüßt dich der Mann, dem fremd als Gast du nahst.

Keck und mit einem Anflug von Herablassung[60] hält Sieglinde Hunding entgegen, dass nur Feiglinge einen waffenlos und einsam Reisenden fürchten. Dann drängt sie Siegmund, mehr über sich zu berichten. Diesmal will sie erfahren, was Siegmund bislang nur in Umrissen andeutete:[61] wie kam es dazu, dass er heute seine Waffen verlor?

(Sieglinde.)
Feige nur fürchten den,
der waffenlos einsam fährt!

Künde noch, Gast,
wie du im Kampf zuletzt die Waffe verlorst!

Immer lebhafter werdend berichtet Siegmund darauf, was unmittelbar vor seiner Zuflucht in Hundings Haus geschah. Er eilte einer jungen Frau zu Hilfe, die – wie einst Sieglinde – gegen ihren Willen lieblos verheiratet werden sollte. Einsam und erfolgreich kämpfte Siegmund gegen die Verwandtschaft des Bräutigams und die Brüder der Braut.[62] Doch statt ihrem tapferen Helfer zu danken, überkam die Braut tränenreiche Trauer um die erschlagenen Brüder. Verzweifelt focht Siegmund um das Leben der Braut, bis ihm Speer und Schild zerbrachen.[63] Waffenlos sah er die Braut sterben.

---

[59] Siehe Tz 303f.

[60] So eine mündliche Vorgabe Wagners anlässlich der Proben zur Bayreuther Uraufführung im Jahr 1876; siehe Heinrich Porges, *Die Bühnenproben*, Die Walküre, S. 8.

[61] Nämlich in Tz 29–33.

[62] Siehe dazu die Sinnparallele in *Götterdämmerung* Tz 721–728.

[63] Siehe Tz 27–33.

(Siegmund.)

Ein trauriges Kind rief mich zum Trutz:
vermählen wollte der Magen Sippe[64] *dem Mann ohne Minne die Maid.*
Wider den Zwang zog ich zum Schutz;
der Dränger Tross traf ich im Kampf:
dem Sieger sank der Feind.

Erschlagen lagen die Brüder:
die Leichen umschlang da die Maid,
den Grimm verjagt' ihr der Gram.
Mit wilder Tränen Flut betroff sie weinend die Wal[65]*:*
um des Mordes der eignen Brüder klagte die unsel'ge Maid.

Der Erschlagnen Sippen stürmten daher;
übermächtig ächzten nach Rache sie:
rings um die Stätte ragten mir Feinde.
Doch von der Wal wich nicht die Maid;
mit Schild und Speer schirmt' ich sie lang,
bis Speer und Schild im Harst[66] *mir zerhaun.*

Wund und waffenlos stand ich –
sterben sah ich die Maid:
mich hetzte das wütende Heer.
Auf den Leichen lag sie tot.

(Mit einem Blick voll schmerzlichen Feuers auf Sieglinde.)

Nun weißt du, fragende Frau,
warum ich Friedmund – nicht heiße!

Siegmund steht auf und tritt an den Herd, während Sieglinde *bleich und tief erschüttert zu Boden* blickt. Auch sie ist das Opfer einer lieblosen Zwangsehe der Machart, die Siegmund unter Einsatz des eigenen Lebens verhindern wollte. Aus anderen Gründen von Siegmunds Bericht betroffen ist auch Hunding. Diesmal findet er sich nicht nur gleichnishaft, sondern höchstpersönlich im Bericht des Fremdlings wieder.[67] Der tödliche Kampf um die Braut, den Sieg-

---

64 Die Familie des Bräutigams, siehe dazu auch *Götterdämmerung* Tz 723f.

65 Den Kampfplatz.

66 Im Kampf.

67 In dieser Hinsicht ist Siegmunds dritter Bericht perspektivisch ein Spiegelbild seines ersten Berichts: von Siegmunds erstem Bericht fühlte

mund beschrieb, ist der Waffengang, aus dem Hunding soeben heimkehrte. Seine Verwandtschaft rief ihn gegen Siegmund zu Hilfe. Nun findet Hunding den Todfeind als Gast im eigenen Haus. Sein heiliges Gastversprechen wahrend[68] sichert Hunding dem Fremdling sicheres Nachtquartier zu. Doch für den kommenden Morgen fordert er den Waffenlosen bitter-ironisch zum tödlichen Zweikampf *mit starker Waffe*.

(Hunding, sehr finster.)
Ich weiß ein wildes Geschlecht,
nicht heilig ist ihm, was andren hehr:
verhasst ist es allen und mir.

Zur Rache ward ich gerufen,
Sühne zu nehmen für Sippen-Blut:
zu spät kam ich, und kehre nun heim,
des flücht'gen Frevlers Spur
im eig'nen Haus zu erspähn.

Mein Haus hütet, Wölfing, dich heut;
für die Nacht nahm ich dich auf:
mit starker Waffe doch wehre dich morgen;
zum Kampfe kies' ich den Tag:
für Tote zahlst du mir Zoll.

Als Sieglinde *mit besorgter Gebärde* zwischen die beiden Männer tritt, weist Hunding sie barsch zurecht. Sie solle die Stube verlassen, seinen Schlaftrunk bereiten und, wie er nicht vergisst hinzuzufügen, *zur Ruh* auf ihn warten. Sieglinde wird wissen, wie das zu verstehen ist.

(Hunding.)
Fort aus dem Saal!
Säume hier nicht;
den Nachttrunk rüste mir drin
und harre mein' zur Ruh'.

---

sich Sieglinde persönlich angesprochen, Hunding hingegen nur typologisch. Im dritten Bericht verhält sich das genau umgekehrt.

68 Siehe Tz 62f. sowie die im *Nibelungenlied* in Strophe 1820 kolportierte nächtliche Friedenspflicht. Hagen spricht dort zu den feindlichen Hunnen: *Wenn ihr irgendetwas anfangen wollt, so kommt morgen früh zu uns und lasst uns Fremde heute Nacht in Ruhe. Ich glaube, richtige Helden haben sich immer so verhalten.*

Sieglinde steht eine Weile *unentschieden* und nachdenklich. Schließlich geht sie langsam und zögernd zum Speicher, hält dort an und bleibt, *in Sinnen verloren,* mit halb abgewandtem Gesicht stehen. Schließlich öffnet sie *mit ruhigem Entschluss* einen Schrein, füllt ein Trinkhorn und schüttet aus einer Büchse etwas *Würze* hinein. Dann wendet sie sich um und sucht Siegmunds Blick, *den dieser fortwährend auf sie heftet.* Als Sieglinde bemerkt, wie auch Hunding sie beobachtet, wendet sie sich zum Schlafgemach. Auf den Stufen dorthin kehrt sie sich nochmals um und blickt *sehnsuchtsvoll auf Siegmund,* den sie wortlos *mit sprechender Bestimmtheit auf eine bestimmte Stelle am Eschenstamm* hinweist. Hunding, der nicht ihren Blick, wohl aber ihr Zögern bemerkt, treibt Sieglinde *mit einer heftigen Gebärde zum Fortgehen.* Mit einem letzten Blick auf Siegmund[69] geht Sieglinde in das Schlafgemach und schließt die Tür. Hunding nimmt seine Waffen vom Eschenstamm und verabschiedet sich mit höhnischem Gruß.

(Hunding.)
Mit Waffen wahrt sich der Mann.
Dich Wölfing treffe ich morgen;
mein Wort hörtest du – hüte dich wohl.

Er geht mit den Waffen in das Gemach; man hört ihn von innen den Riegel schließen.

[69] Siehe Tz 201–203, 210f.

Wagners Dichtertum anzuzweifeln,
erschien mir immer absurd.[70]

Dritte Szene

Es ist vollständig Nacht geworden. In der vom Herdfeuer nur noch matt beleuchteten Stube lässt sich Siegmund nah am Feuer nieder und *brütet in großer Aufregung eine Zeit lang schweigend vor sich hin.* Stoff zum Nachdenken hat er genug. Er ist waffenlos und verliebt einem bewaffneten Spötter ausgeliefert, der ihn morgen in einem aussichtslos einseitigen Duell töten will. Diese Notlage ist eine gesteigerte Variation des Kernthemas der Tetralogie: Siegmund befindet sich *macht*-los und *liebes*-erfüllt in den Händen eines *macht*-vollen und *lieb*-losen Widersachers. Innerlich aufgewühlt und mit seiner Situation hadernd, erinnert sich Siegmund an ein merkwürdiges Versprechen seines verschwundenen Vaters: in höchster Not werde Siegmund einmal ein Schwert finden. Der rechte Augenblick, dieses Versprechen einzulösen, findet Siegmund, ist jetzt gekommen. Auf der Bühne lauthals, vor Ort in Hundings Haus jedoch gewiss nur still im inneren Sturm seiner widerstreitenden Gefühle, beschwört Siegmund seinen Vater – den er für sich selbst zutreffend *Wälse* und nicht *Wolfe* nennt[71] –, ihm das dringend benötigte Schwert zu liefern.

(Siegmund.)
Ein Schwert verhieß mir der Vater:
ich fänd' es in höchster Not.

Waffenlos fiel ich in Feindes Haus;
seiner Rache Pfand raste ich hier:
ein Weib sah ich, wonnig und hehr;
entzückendes Bangen zehrt mein Herz.

Zu der mich nun Sehnsucht zieht,
die mit süßem Zauber mich sehrt;
im Zwange hält sie der Mann,
der mich Wehrlosen höhnt!

---

[70] Thomas Mann, *Richard Wagner und der ‚Ring des Nibelungen'*, Vortrag in Zürich im Jahr 1937.

[71] Siehe dazu Tz 87, 350–354.

Wälse! Wälse! Wo ist dein Schwert?
Das starke Schwert, das im Sturm ich schwänge,
bricht mir hervor aus der Brust,
was wütend das Herz noch hegt?[72]

Das Herdfeuer bricht zusammen. Aus der aufsprühenden Glut *fällt ein greller Schein* auf die Stelle im Eschenstamm, die Sieglinde im Hinausgehen mit ihrem Blick fixierte. Dort haftet *ein Schwertgriff* im Holz. In Siegmunds Gedanken mischt sich, was er im Halbdunkel wahrnimmt und was er im Innern fühlt: Sieglindes Blick im Hinausgehen strahlte in seiner Erinnerung ähnlich wie der vom Herdfeuer erleuchtete Schwertgriff im Eschenstamm. Als er erschöpft und niedergeschlagen (*von Nacht* umgeben) das fremde Haus betrat, spendete ihm Sieglindes Blick Licht und neuen Lebensmut (*Wärme gewann ich und Tag*). Seit sie hinausging, ist für Siegmund die Sonne *hinter Bergen* versunken. Sieglindes Abschiedsblick wirkte auf ihn wie ein Sonnenuntergang in den Bergen, der unerwartet noch einen letzten Lichtschein wirft. Nun fühlt Siegmund in seiner Brust, was treffend auch das verloschene Herdfeuer beschreibt: *lichtlose Glut*.

(Siegmund.)
Was gleißt dort hell im Glimmerschein?
Welch' ein Strahl bricht aus der Esche Stamm?
Des Blinden Auge leuchtet ein Blitz:
lustig lacht da der Blick.

Wie der Schein so hehr das Herz mir sengt!
Ist es der Blick der blühenden Frau,
den dort haftend sie hinter sich ließ, als aus dem Saal sie schied?

Nächtiges Dunkel deckte mein Aug';
ihres Blickes Strahl streifte mich da:
Wärme gewann ich und Tag.

Selig schien mir der Sonne Licht;
den Scheitel umgliss mir ihr wonniger Glanz –
bis hinter Bergen sie sank.

Noch einmal, da sie schied, traf mich abends ihr Schein;
selbst der alten Esche Stamm erglänzte in gold'ner Glut:

---

72 Anspielung auf Siegmunds Frühlingslied, dort Tz 292–294.

da bleicht die Blüte, das Licht verlischt –
nächtiges Dunkel deckt mir das Auge:
tief in des Busens Berge glimmt nur noch lichtlose Glut.

Bei voller Nacht öffnet sich leise die Tür zum Seitengemach. Sieglinde tritt in einem weißen Gewand auf Siegmund zu.

(Sieglinde.)
Schläfst du, Gast?

Siegmund springt freudig überrascht auf. Seine denkbar überflüssige Gegenfrage

(Siegmund.)
Wer schleicht daher?

beantwortet Sieglinde ebenso überflüssig mit *Ich bin's* – wer auch sonst? *Mit geheimnisvoller Hast* erklärt sie, dass sie Hunding mit einem Trank betäubte. Seinen festen Schlaf solle Siegmund zur Flucht nutzen.[73]

(Sieglinde.)
Ich bin's; höre mich an!
In tiefem Schlaf liegt Hunding;
ich würzt' ihm betäubenden Trank.
Nütze die Nacht dir zum Heil![74]

Sie *hitzig unterbrechend* wehrt Siegmund ab. Sein Glück sieht er nicht in der Flucht vor Hunding, sondern in Sieglindes Nähe.

(Siegmund.)
Heil macht mich dein Nah'n!

Kein weiteres Wort verliert Sieglinde zu ihrem allenfalls halbherzig gemeinten Fluchtvorschlag. Da Siegmund bleiben will und da sie will, dass er bleibt, will sie ihm ein Schwert zeigen, das er nur braucht, wenn er bleibt. Ein unbekannter Greis, den das Orchester unüberhörbar Wotan nennt, stieß es bei Sieglindes Hochzeit tief in

---

[73] Diese Fluchtempfehlung ist eine Spiegelung der Rollenverteilung in der ersten Szene, als Siegmund gehen wollte und Sieglinde ihn bat zu bleiben; Tz 41–52.

[74] Sieglindes Aufforderung ist mehrdeutig. Sie passt auf eine gelungene Flucht ebenso wie auf eine erfüllte Liebesnacht.

den Stamm der Haus-Esche. Der durchdringende Blick des Greises ängstigte alle Hochzeitsgäste; nur Sieglinde fand den Blick (aus Kindertagen) angenehm vertraut. Sieglinde meint zu wissen, wer das Schwert brachte; an wen sie denkt, verrät sie nicht. Gehören soll das Schwert nach den Worten des Greises, wem es gelingt, das Schwert aus dem Stamm zu ziehen. Viele Helden haben das schon versucht; doch die Kraftprobe bestanden hat noch keiner. Sieglinde gibt sich überzeugt, dass das Schwert für den *heiligen Freund* bestimmt ist, der rächen werde, was Hunding ihr antat. Sollte der Gast dieser Freund sein, will Sieglinde ihn *umfangen*.

(Sieglinde.)

Eine Waffe lass mich dir weisen: o wenn du sie gewännst!
Den hehrsten Helden dürft' ich dich heißen:
dem Stärksten allein ward sie bestimmt.
O merke wohl, was ich dir melde.

Der Männer Sippe saß hier im Saal,
von Hunding zur Hochzeit geladen:
er freite ein Weib[75]*, das ungefragt*
Schächer ihm schenkten zur Frau.[76]

Traurig saß ich, während sie tranken:
ein Fremder trat da herein:
ein Greis in grauem Gewand;
tief hing ihm der Hut, der deckt' ihm der Augen eines;

doch des andren Strahl, Angst schuf er allen,
traf die Männer sein mächtiges Dräu'n:
mir allein weckte das Auge süß sehnenden Harm,
Tränen und Trost zugleich.[77]

Auf mich blickt' er, und blitzte auf jene,
als ein Schwert in Händen er schwang;
das stieß er nun in der Esche Stamm,
bis zum Heft haftet' es drin.

---

[75] Sieglinde.

[76] Sieglindes Hochzeit stand unter dem gleichen Unstern wie die Hochzeit der Frau, der Siegmund am Morgen zu Hilfe eilte.

[77] Sieglinde entdeckte an dem Fremdling den ihr aus Kindertagen vom Vater (Wotan, alias Wälse) und vom Bruder (Siegmund) vertrauten Wotansblick.

Dem sollte der Stahl geziemen,
wer aus dem Stamm es zög'.
Der Männer alle, so kühn sie sich mühten,
die Wehr sich keiner gewann;

Gäste kamen und Gäste gingen,
die stärksten zogen am Stahl;
keinen Zoll entwich er dem Stamm:
dort haftet schweigend das Schwert.

Da wusst' ich, wer der war,
der mich Gramvolle gegrüßt:
ich weiß auch, wem allein im Stamm
das Schwert er bestimmt.

O fänd' ich ihn hier und heut, den Freund;
käm' er aus Fremden zur ärmsten Frau!
Was je ich gelitten in grimmigem Leid,
was je mich geschmerzt in Schande und Schmach:

Süßeste Rache sühnte dann Alles;
erjagt hätt' ich, was je ich verlor,
was je ich beweint, wär' mir gewonnen,
fänd' ich den heiligen Freund, umfing' den Helden mein Arm!

Was sich Sieglinde im Konjunktiv wünscht, ist Siegmund im Indikativ Gewissheit: er selbst, gibt er sich überzeugt, sei der (heilige) *Freund*, dem das Schwert und Sieglinde bestimmt sind. Ihre Sehnsucht nach *süßester Rache* ergänzt Siegmund um seine Sehnsucht nach *heiliger Lust*. Er *umfasst Sieglinde mit feuriger Glut*.

(Siegmund.)
Dich selige Frau hält nun der Freund,
dem Waffe und Weib bestimmt.
Heiß in der Brust brennt mir der Eid,
der mich dir Edlen vermählt.

Was je ich ersehnt, ersah ich in dir;
in dir fand ich, was je mir gefehlt;
littest du Schmach, und schmerzte mich Leid;
war ich geächtet, und warst du entehrt:
freudige Rache ruft nun den Frohen!

Auf lach' ich in heiliger Lust –
halt' ich dich Hehre umfangen,
fühl' ich dein schlagendes Herz!

Bei Siegmunds letzten Worten springt die rückwärtige Tür des Hauses auf und bleibt weit geöffnet stehen. Der Vollmond einer *herrlichen Frühlingsnacht* leuchtet herein und *wirft sein helles Licht auf das Paar, das sich plötzlich in voller Deutlichkeit wahrnehmen kann*. Sieglinde fährt erschrocken zusammen und reißt sich von Siegmund los.

(Sieglinde.)
Ha, wer ging? Wer kam herein?

(Siegmund, in leiser Entzückung.)
Keiner ging; doch Einer kam:
siehe, der Lenz lacht in den Saal!

Siegmund zieht Sieglinde *mit sanfter Gewalt* zu sich auf das Lager, so dass sie neben ihm zu sitzen kommt. Bei *wachsender Helligkeit des Mondscheins* beantwortet Siegmund die beiden Fragen Sieglindes mit der *einzigen wirklichen Opernarie des ganzen Rings*[78] – einem von Wagner eigentlich längst streng verpönten Kunstformat.[79] Die poetische Liebeserklärung handelt vom Frühling, von der Liebe sowie von Licht und Freiheit. Der weniger als die eingängige Melodie bekannte Handlungsstrang des Frühlingslieds erschließt sich auf den zweiten Blick: der Frühling weckt die winterstarre Natur. Mit seinen zarten Waffen – linden Lüften, Vogelgesang und Blumenduft – vertreibt der Frühling den Winter und erobert die Welt. Von ihr angelockt, schwingt sich der Frühling zu seiner Schwester, der Liebe, und führt sie aus der Tiefe unserer Brust befreiend ans Tageslicht. In Freiheit jauchzend vereinen sich Liebe

---

[78] So Boulez in: Boulez/Chereau, *Der Ring 1976–1980*, S. 28.

[79] Wagner, *Dichtkunst und Tonkunst im Drama der Zukunft* (Oper und Drama, 3. Teil), GSD IV, S. 162ff. Bei den Proben zur Bayreuther Uraufführung in 1876 mag Wagner an diesen Widerspruch zu seinen Idealen gedacht und darum Wert darauf gelegt haben, dass dem Darsteller des Siegmund in der Partitur (Takt 1107) folgende Vortragsbezeichnung ans Herz gelegt wird: *Vor jedem „Gesinge" hüten! Fließend! Nicht im Charakter eines lyrischen Konzertstückes, sondern als eine den dramatischen Verlauf nicht eigentlich unterbrechende, sondern nur aufhaltende Episode vorzutragen; das Tempo also nicht eigentlich langsam.*

und Frühling. Die Allegorie beschreibt pointiert das Handlungsprogramm der Zwillinge für den Rest der Nacht.

(Siegmund.)
Winterstürme wichen dem Wonnemond,
in mildem Lichte leuchtet der Lenz;
auf linden Lüften leicht und lieblich,
Wunder webend er sich wiegt;

durch Wald und Auen weht sein Atem,
weit geöffnet lacht sein Aug';
aus sel'ger Vöglein Sange süß er tönt,
holde Düfte haucht er aus;
seinem warmen Blut entblühen wonnige Blumen,
Keim und Spross entsprießt seiner Kraft.

Mit zarter Waffen Zier bezwingt er die Welt;
Winter und Sturm wichen der starken Wehr:
wohl musste den tapfren Streichen die strenge Türe auch weichen,
die trotzig und starr uns – trennte von ihm.

Zu seiner Schwester schwang er sich her;
die Liebe lockte den Lenz;
in unsrem Busen barg sie sich tief:
nun lacht sie selig dem Licht.

Die bräutliche Schwester befreite der Bruder;
zertrümmert liegt, was je sie getrennt;
jauchzend grüßt sich das junge Paar:
vereint sind Liebe und Lenz!

Sieglinde versteht den gewundenen Liedtext auf Anhieb und wendet die Allegorie sogleich praktisch an. Für sie ist Siegmund der Frühling, der in ihren Träumen ihr frostiges Dasein mit Hunding begleitete. Diese Qualität Siegmunds will Sieglinde auf den ersten Blick erkannt haben. Während sie mit Menschen gewöhnlich fremdelt, fühlte sie sich Siegmund auf den ersten Blick vertraut. Sodann beschreibt Sieglinde eine Beobachtung, die darauf hindeutet, dass ihre Gefühle für Siegmund nicht allein das Ergebnis der Wahrnehmungsstörung sind, die Liebende gerne befällt: Sieglinde spürt, dass sie sich in Siegmund wiedererkennt. Diese Beobachtung ist unter Zwillingen nicht ungewöhnlich.

(Sieglinde.)
Du bist der Lenz,
nach dem ich verlangte in frostigen Winters Frist.
Dich grüßte mein Herz mit heiligem Grau'n,
als dein Blick zuerst mir erblühte.
Fremdes nur sah ich von je, freundlos war mir das Nahe;
als hätt' ich nie es gekannt, war, was immer mir kam.

Doch dich kannt' ich deutlich und klar;
als mein Auge dich sah, warst du mein Eigen;
was im Busen ich barg, was ich bin,
hell wie der Tag taucht' es mir auf;
wie tönender Schall schlug's an mein Ohr,
als in frostig öder Fremde zuerst ich den Freund ersah.

Sieglinde hängt sich entzückt an Siegmunds Hals und blickt ihm aus nächster Nähe ins Gesicht. Zu ihrer fragend forschenden Beobachtung, wonach sein Anblick und der Klang seiner Stimme in ihr vage (Kindheits-)Erinnerungen wecken, kann Siegmund nichts beitragen. Ihm genügt – ähnlich wie eine Generation später seinem Sohn Siegfried bei dessen erster Begegnung mit Brünnhilde[80] – die physische Gegenwart der Geliebten.

(Siegmund.)
O süßeste Wonne!
Seligstes Weib!

Bevor Sieglinde die Spur ihrer Kindheitserinnerungen weiterverfolgt, hören wir wechselseitige Liebeserklärungen.

(Sieglinde – dicht an seinen Augen.)
O lass in Nähe zu dir mich neigen,
dass hell ich schaue den hehren Schein,
der dir aus Aug' und Antlitz bricht,
und so süß die Sinne mir zwingt.

(Siegmund.)
Im Lenzesmond leuchtest du hell;
hehr umwebt dich das Wellenhaar:
was mich berückt, errat' ich nun leicht:
denn wonnig weidet mein Blick.

80 Siehe *Siegfried* Tz 1628–1635.

Nach diesem romantischen Intermezzo, das alle auf Gefühlsebene vielleicht noch offenen Fragen der Beteiligten klärt, geht Sieglinde mit detektivischer Zielstrebigkeit ihrer Ahnung nach, den Gast längst zu kennen. Sie schlägt Siegmund die Locken aus der Stirn und betrachtet das Geäder in seinen Schläfen. Staunend artikuliert sie ihren Eindruck, den Fremdling schon gesehen zu haben.

(Sieglinde.)
Wie dir die Stirn so offen steht,
der Adern Geäst in den Schläfen sich schlingt!
Mir zagt's vor der Wonne, die mich entzückt.

Ein Wunder will mich gemahnen:
den heut' zuerst ich erschaut,
mein Auge sah dich schon!

Siegmund geht es ähnlich; doch führt er sein Empfinden in verklärter Unbestimmtheit auf einen Liebestraum zurück.

(Siegmund.)
Ein Minnetraum gemahnt auch mich:
in heißem Sehnen sah ich dich schon.

Mit Siegmunds romantischem Erklärungsmodell gibt sich Sieglinde nicht zufrieden. In drei Schritten enträtselt sie, was Siegmund einem *Minnetraum* zuschreibt. Im ersten Schritt hält sie fest, dass Siegmund ihrem eigenen Spiegelbild ähnelt. Wie Siegmund diese Beobachtung einordnet, ist seiner schwärmerischen Antwort nicht zu entnehmen.

(Sieglinde.)
Im Bach erblickt' ich mein eigen Bild,
und jetzt gewahr' ich es wieder;
wie einst dem Teich es enttaucht,
bietest mein Bild mir nun du!

(Siegmund.)
Du bist das Bild, das ich in mir barg.

Im zweiten Schritt wendet Sieglinde ihren Blick von Siegmund ab und lauscht seiner Stimme. Deren Klang wirkt ihr doppelt vertraut – wie eine (fremde) Stimme, die sie in Kindertagen hörte und wie das Echo ihrer eigenen Stimme im Wald. Wieder ist nicht auszumachen, ob Siegmund jenseits blanker Freude am Klang von Sieglindes Stimme erfasst, worauf die Gastgeberin hinauswill.

(Sieglinde.)
O still! Lass mich der Stimme lauschen:[81]
mich dünkt, ihren Klang hört' ich als Kind[82] –
doch nein! Ich hörte sie neulich,
als meiner Stimme Schall mir wiederhallte der Wald.

(Siegmund.)
O lieblichste Laute, denen ich lausche!

Ihm forschend wieder in die Augen blickend, entdeckt Sieglinde an Siegmund drittens den unverwechselbaren Blick des Greises, den sie bei ihrer Hochzeit an seinem markanten Blick als ihren Vater wiedererkannte.[83]

(Sieglinde.)
Deines Auges Glut erglänzte mir schon:
so blickte der Greis grüßend auf mich,
als der Traurigen Trost er gab.
An dem Blick erkannt' ihn sein Kind –
schon wollt' ich beim Namen ihn nennen!

Als ihr das Stichwort *Name* entschlüpft, hält Sieglinde inne. Ihr fällt ein, dass sie noch immer nicht weiß, wie der geliebte Gast richtig heißt. Dass dessen Name *Wehwalt* lautet, wie Siegmund vorhin behauptete, mag sie nicht glauben. Leise fragt sie forschend nach, ob das sein wahrer Name sei.

(Sieglinde.)
Wehwalt heißt du fürwahr?

Neuerlich reagiert Siegmund auf die Namensfrage seltsam. Statt der Geliebten unter vier Augen anzuvertrauen, wie er richtig heißt, legt er umständlich Wert auf die Feststellung, dass er, seit Sieglinde ihn liebt, nicht länger *Wehwalt* heiße. Was im rechten Leben reichlich überspannt wirken würde, ist auf der Bühne ein triftiger Hin-

---

[81] Das geht schlecht zur gleichen Zeit.

[82] Das ist biographisch plausibel, da die Zwillinge erst im vorgerückten Kindesalter voneinander getrennt wurden.

[83] Ob Sieglinde (anders als Siegmund) weiß, dass ihr Vater *Wälse* Wotan ist, erfahren wir nicht.

weis auf eine charakterliche Besonderheit Siegmunds: Siegmunds Denken und Handeln folgt ohne Rücksicht auf fremde Regeln stets dem eigenen Gewissen und Gutdünken. In diesem Sinne kraft Wotans Erziehung durch und durch ganz er selbst will Siegmund immer so heißen, wie er sich fühlt. Für den in Reinform Authentischen ist der eigene Name ein Spiegelbild seines Selbst.

(Siegmund.)
Nicht heiß' mich so, seit du mich liebst;
nun walt' ich der hehrsten Wonnen.

Siegmunds Antwort stellt Sieglinde nicht zufrieden. Sie wollte nicht hören, wie Siegmund nicht länger genannt werden will, sie wollte seinen richtigen Namen erfahren. Darum hakt sie nach und gibt schon einmal zu verstehen: seinen eigenen Vorschlag *Friedmund*[84] fände sie gar nicht übel.

(Sieglinde.)
Und Friedmund darfst du froh dich nicht nennen?

In der ihm eigenen Konsequenz weicht Siegmund aufs Neue aus und legt den Prozess der Namensgebung in Sieglindes Hände. Sie soll ihn nennen, wie sie möchte, dass er heißt. So marottenhaft das wirkt, so folgerichtig ist diese Replik vor dem eben beschriebenen Hintergrund. Nach allem, was Siegmund über sein bisheriges Dasein berichtete, muss er sich durch Sieglindes Liebe wie neu geboren fühlen. Was liegt – jedenfalls für einen Charakter, der wie Siegmund fühlt und handelt – näher, als der Urheberin der eigenen Neugeburt auch die Namenstaufe zu überantworten?

(Siegmund.)
Nenne mich du, wie du liebst, dass ich heiße:
den Namen nehm' ich von dir!

Sieglinde zögert. Bevor sie einen Namen vorschlägt, soll Siegmund ihr verraten, ob sein Vater tatsächlich *Wolfe* hieß, wie Siegmund vorhin in Hundings Gegenwart behauptete.[85]. Wenn, wie Sieglinde vermutet, ihr Zwillingsbruder vor ihr steht, kann das nicht richtig sein.

[84] So in Tz 84.
[85] So in Tz 87.

(Sieglinde.)
Doch nanntest du Wolfe den Vater?

Als Siegmund richtigstellt, dass sein Vater *Wälse* hieß,

(Siegmund.)
Ein Wolf war er feigen Füchsen;
Doch dem so stolz strahlte das Auge,
wie, Herrliche, hehr dir es strahlt,
der war – Wälse genannt.

schlägt für Sieglinde in Gewissheit um, was sie geahnt haben mag, seit Siegmund vom Überfall auf sein Elternhaus berichtete: der wechselnamige Held, der vor ihr steht, ist ihr verschollen geglaubter Zwillingsbruder Siegmund. Und für ihn stieß der gemeinsame Vater *Wälse* das rettende Schwert in den Stamm der Hausesche.

(Sieglinde, außer sich.)
War Wälse dein Vater, und bist du ein Wälsung;
stieß er für dich sein Schwert in den Stamm –
so lass mich dich heißen, wie ich dich liebe:
Siegmund[86] *– so nenn' ich dich!*

Siegmund springt auf und packt den Schwertgriff. Sein neuer (und angestammter) Name entspricht seinem neuen Selbstverständnis. Als Siegmund will er Sieglinde mit dem väterlichen Schwert beschützen, das er, weil *in höchster Not* gefunden, für den eigenen Hausgebrauch und den Rest der Tetralogie *Nothung*[87] tauft. Irritierend wirken die Motive, mit denen das Orchester den Griff nach dem vermeintlich rettenden Schwert begleitet: neben dem zu erwartenden *Schwert*-Motiv hören wir das *Entsagungs*-Motiv, das im *Rheingold* Woglindes Anleitung begleitete, um welchen Preis der Ring geschmiedet werden kann und das auch Alberichs Liebesverzicht[88] begleitete. Dieser Missklang ist ein ahnungsvoller Hinweis des Orchesters, dass Siegmund mit dem Griff nach dem *Wotansschwert* letzten Endes nichts gewinnen, sondern sein Leben verlieren wird.[89] So wie Alberich mit dem Griff nach dem Rheingold be-

[86] Der Bewahrer des Sieges, der Siegreiche.

[87] Näher zum Namen des Schwertes *Nothung* und den damit verbundenen Implikationen: Torsten Meiwald, *Randbemerkungen*, S. 84.

[88] Siehe dazu Woglindes Bauanleitung in *Rheingold* Tz 187–190 und Alberichs Liebesfluch dort in Tz 223.

[89] Weiterführend dazu: Volker Mertens, *Der Ring*, S. 80.

wusst der Liebe abschwor, greift Siegmund an dieser Stelle unwissentlich nach dem Tod.

(Siegmund.)
Siegmund heiß' ich, und Siegmund bin ich!
Bezeug' es dies Schwert, das zaglos ich halte:
Wälse verhieß mir, in höchster Not fänd' ich es einst;
ich fass' es nun!

Heiligster Minne höchste Not,
sehnender Liebe sehrende Not,
brennt mir hell in der Brust, –
drängt zu Tat und Tod:

Nothung! Nothung!
So nenn' ich dich Schwert –
Nothung! Nothung!
Neidlicher Stahl!

Zeig deiner Schärfe schneidenden Zahn!
Heraus aus der Scheide zu mir!

Mit einem *gewaltigen Zuck*[90] zieht Siegmund das Schwert aus dem Stamm und zeigt es *der von Staunen und Entzücken erfassten Sieglinde*.

(Siegmund.)
Siegmund den Wälsung siehst du, Weib;
als Brautgabe bringt er dies Schwert.
So freit er sich die seligste Frau;
dem Feindeshaus entführt er dich so.

---

[90] So Wagners Regieanweisung. Manche meinen, die Szene wirke noch schlüssiger, würde Siegmund das exklusiv für ihn bestimmte Wotans-Schwert spielend leicht aus dem Stamm lösen, wie die *Völsungensaga* das im dritten Gesang (*Odins Siegschwert*) berichtet: *Keiner aber kam hinzu, der es erlangen durfte, denn es rührte sich nicht im Geringsten, als sie danach griffen. Da trat Sigmund hinzu, König Völsungs Sohn, packte das Schwert und zog es aus dem Stamme, und es war, wie wenn es lose da läge vor ihm.* – Möglicherweise empfand Wagner diese Darstellung als zu plakativ. Der finale Ringtext lässt offen, wieviel Wotans Zauberei und wieviel Siegmunds von Liebe befeuerte halbgöttlichen Kräfte zum vom Schwertschenker gewünschten Ergebnis beitragen.

Fern von hier folge mir nun,
fort in des Lenzes lachendes Haus!
Dort schützt dich Nothung das Schwert,
wenn Siegmund dir liebend erlag.

Siegmund umfasst Sieglinde, um sie mit sich fortzuziehen. Doch sie reißt sich los, um ihm *in höchster Trunkenheit* von Angesicht zu Angesicht mitzuteilen, was er wohl immer noch nicht recht begriffen hat: sie ist seine vermeintlich *in Gluten verschwundene* Zwillingsschwester.

(Sieglinde.)
Bist du Siegmund, den ich hier sehe:
Sieglinde bin ich, die dich ersehnt:
die eigne Schwester gewannst du zueins mit dem Schwert!

Dass die Implikationen dieser familiären Klarstellung Siegmund nicht irritieren,

(Siegmund.)
Braut und Schwester bist du dem Bruder –
so blühe denn Wälsungen-Blut![91]

liegt an Wagners radikalem Verständnis von Liebe. Mit Siegmund und mit Siegfried wollte Wagner den liebenden Menschen in idealer Reinform auf der Bühne präsentieren. Insoweit systemgerecht zieht Siegmund Sieglinde *mit wütender Glut* an sich; sie sinkt mit einem Schrei an seine Brust. Der Vorhang fällt schnell, wie Schopenhauer ausdrücklich begrüßte.[92]

---

[91] Siehe dazu die Novelle *Wälsungenblut* (Entstehung 1906 / Veröffentlichung 1921) von Thomas Mann.

[92] *Denn es ist hohe Zeit*, vermerkte Schopenhauer in seiner Partiturausgabe handschriftlich neben dieser Regieanweisung.

Zweiter Aufzug

(Wildes Felsengebirge)

Der umfangreiche und gedankenschwere zweite Aufzug der *Walküre* erfüllte Wagner mit Stolz und bereitete ihm Sorge. Vor allem das Gewicht der ersten beiden, textreichen und handlungsarmen Szenen stimmte ihn bedenklich. Nach dem Abschluss der Partitur-Erstschrift schrieb er an Franz Liszt:

> *„Für den inhaltsschweren zweiten Akt bin ich besorgt: er enthält zwei so wichtige und zentrale Katastrophen, dass dieser Inhalt eigentlich für zwei Akte genug wäre; doch sind beide voneinander abhängig, und die eine zieht die andere so unmittelbar nach sich, dass hier ein Auseinanderhalten ganz unmöglich wäre. Wieder einmal ganz so dargestellt, wie ich es verlange, so muss er allerdings – wenn jede Intention vollkommen verstanden wird, eine Erschütterung hervorbringen, der nichts Dagewesenes gleicht“.*[93]

Superlativen aus Wagners Feder darf man getrost misstrauen – vor allem, wenn sie eigenen Werken gelten. Dies gilt auch für Wagners Ehrfurcht vor dem zweiten Aufzug der *Walküre*. Andere Teile der Tetralogie sind gewiss nicht von geringerer Qualität. Besonderen Stellenwert genießt der zweite Aufzug der *Walküre* allerdings wegen seiner inhaltlichen Bedeutung für den Handlungsbogen des Gesamtwerks. Bildhaft gesprochen könnte man sagen: schon, wenn die Götter im *Rheingold* die Bühne betreten, ist das Eis unter ihren Füßen bedenklich dünn. Der göttliche Raubzug in Nibelheim fördert ein Tauwetter. Im zweiten Aufzug der *Walküre* bricht das Eis ein. Was im dritten Aufzug der *Walküre* sowie in den ersten beiden Aufzügen des *Siegfried* noch folgt, sind nur mehr fragile Versuche Wotans, die Haut und die Herrschaft der Götter irgendwie noch zu retten. Ab dem dritten Aufzug des *Siegfried* greifen die Götter nicht mehr in das Geschehen ein. Wer in dem Beziehungsgeflecht, das Wagner auf der Bühne entfaltet, einen mahnenden Finger des Textdichters wahrnehmen möchte, wird bei alledem feststellen, dass sich dieser Finger weder auf Wotan noch auf andere Charaktere im Bühnenraum richtet, sondern in den Zuschauerraum.

---

[93] R. Wagner, *Brief an Franz Liszt* vom 3. Oktober 1855.

The essential point here is that the gods are seen as larger-life humans, projections of fundamental and universal human characteristics and desires, but nothing more than that: – in fact they are, for the most part, unadmirable characters.[94]

Erste Szene

Zwischen dem ersten und dem zweiten Aufzug der *Walküre* vergeht eine fruchtbare Liebesnacht des Zwillingspaares. Wenn sich zum 72. Takt des *heftigen* Vorspiels der Vorhang öffnet, sehen wir Wotan und Brünnhilde[95] *kriegerisch gewaffnet* in einem *wilden Felsengebirge*. Wagners szenische Vorgaben passen zur Topografie des Julier-Felsens, zu dem er im Juli 1853 in einer verwegenen Bergtour gemeinsam mit seinem Freund Georg Herwegh aufstieg.[96] Im Hintergrund der Bühne soll sich *aus ferner Tiefe* eine für die Zuschauer nicht einsehbare Schlucht heraufziehen, die weiter vorn auf ein erhöhtes Felsjoch mündet, von dem aus sich der Boden zum Vordergrund hin wieder absenkt. Der entlegene Treffpunkt in der Wildnis passt perfekt zu Wotans Plänen. Den Erfolg seiner seit knapp 20 Jahren teils nachtaktiv und teils am Tageslicht verfolgten Rettungspläne (Wälsungen-Plan und Walküren-Plan)[97] sollen weder neugierige Blicke noch kritische Fragen oder gar Einwände seiner in solcher Hinsicht gerne freigiebigen Ehefrau Fricka stören.

Wotan eröffnet das *energisch und rasch vordringend* vorzutragende Zwiegespräch mit Brünnhilde mit der Aufforderung, Brünnhilde[98]

---

94 Bryan Magee, *Wagner and Philosophy*, S. 54.

95 Laut Wagners Prosaentwurf *Der junge Siegfried*: die im Panzer (Brünne) kämpfende Frau (Hilde).

96 Siehe dazu Martin Gregor-Dellin, der in *Richard Wagner*, S. 374 und 865 dafür plädiert, dass jeder Ring-Regisseur diesen Ort besucht haben muss.

97 Dazu näher Torsten Meiwald, *Randbemerkungen*, S. 120f. und 123f.

98 Wolfgang Schadewaldt, *Richard Wagner und die Griechen*, S. 371 weist darauf hin, dass Brünnhilde in mehrerer Hinsicht Züge des antiken Prometheus trägt: beide sind Kinder der wissenden und warnenden Erdgöttin, beide sind tief Wissende und beide werden für ihre zu große Menschenliebe göttlich bestraft. Beide werden durch den Feuergott in großer Menschenferne an einen Felsen gefesselt und erst nach vielen Jahren durch einen Helden halbgöttlicher Abstammung befreit.

möge ihr Pferd zäumen und dafür sorgen, dass Siegmund den anstehenden Zweikampf gegen Hunding gewinnt. Aus seiner Verachtung für den Herausforderer macht Wotan keinen Hehl.

(Wotan.)
Nun zäume dein Ross, reisige Maid!
Bald entbrennt brünstiger Streit.
Brünnhilde stürme zum Kampf;
dem Wälsung[99] *kiese sie Sieg!*

Hunding wähle sich, wem er gehört;
nach Walhall taugt er mir nicht.[100]
Drum rüstig und rasch reite zur Wal[101]*!*

Der göttliche Marschbefehl verdient nach irdischen Maßstäben das Etikett „doppelt genäht hält besser". Denn vom Vater (Wotan) mit göttlicher Kraft gesegnet und mit dem göttlichen Zauberschwert Nothung ausgestattet, wäre Siegmund seinem irdischen Herausforderer auch ohne Brünnhildes Unterstützung weit überlegen. Die übertriebene Fürsorge unterstreicht, wie viel Wotan daran liegt und auch liegen muss, dass Siegmund den Zweikampf gewinnt. Wotans Parteilichkeit hat private und politische Gründe. Er liebt seinen (einzigen) Sohn, den er wie kein anderes seiner vielen Kinder[102] eigenhändig aufzog und charakterlich prägte.[103] Um Siegmund auf die ihm zugedachte Rettungsmission vorzubereiten, hat Wotan in irdischen Wäldern inkognito viel Zeit in götterferne Angelegenheiten investiert. Ganz im Sinne seiner Pläne formte er Siegmund zu einem Freigeist, dem göttliche Gesetze so wenig bedeuten wie

---

[99] Siegmund.

[100] Für Walhall taugen nach Wotans Maßstäben nur Helden, die besonders tapfer und integer lebten, kämpften und starben: *erschlagene Sieger*, wie Richard Wagner die betreffenden Aspiranten im *großen Prosaentwurf Der junge Siegfried* ebenso treffend wie makaber bezeichnete.

[101] Kampfplatz.

[102] Wir sehen auf der Bühne allein deren elf: die neun Walküren und die beiden Wälsungen.

[103] Siehe dazu Tz 87–106, 671–674. Die Walküren und selbst Brünnhilde, seine erklärte Lieblingstochter, gab Wotan hingegen in Frickas Obhut, siehe Tz 462–464. Dieser persönliche Einsatz Wotans hebt die Wälsungen-Zwillinge aus der Schar seiner Kinder hervor; siehe dazu *Siegfried* Tz 398–401.

menschliche Sitten und Regeln.[104] Und politisch würde mit Siegmund der *große Gedanke*[105] scheitern, den Wotan seit dem Finale des *Rheingold* zum Wälsungen-Plan fortentwickelte. Was Wotan nicht weiß: seine lange Abwesenheit blieb in Walhall nicht unbemerkt. Fricka folgt ihm seit längerem misstrauisch auf Schritt und Tritt.[106] Dabei entdeckte sie, was Wotan für seine bestgehüteten Geheimnisse hält: das in Hundings Hütte versteckte Schwert, das Schwertversprechen an Siegmund und, dass Wotan seinen Hoffnungsträger in der vergangenen Nacht diskret zum versprochenen Schwert lotste. Den Masterplan, den Wotan mit diesen Aktivitäten verfolgt, den Wälsungen-Plan, kennt Fricka allerdings noch nicht.

Brünnhilde nimmt die väterliche Aufforderung zum Kampf bereitwillig mit dem markanten Ruf der Walküren entgegen. Jauchzend schwingt sie sich von Fels zu Fels in die Höhe.

(Brünnhilde.)
Hojotoho! Hojotoho!
Heiaha! Heiaha!
...

Auf einer hohen Felsspitze hält Brünnhilde an und blickt in die dem Zuschauerraum abgewandte Schlucht hinab. Dort entdeckt sie Fricka, die *in wilder Fahrt mit ihrem Widdergespann* heranstürmt. Brünnhilde wendet sich um und ruft Wotan spöttisch zu, dass er vor ihrem Kampfeinsatz gegen Hunding zunächst einen eigenen Kampf gegen Fricka bestehen möge. Den Vater in diesem Kampf unterstützen, möchte Brünnhilde nicht. Sie schätzt kriegerische Auseinandersetzungen, nicht aber Wotans Streitgespräche mit Fricka. Mit Fricka verbindet Brünnhilde überhaupt wenig; ihre Mutter ist Erda.[107]

---

104 Siehe Tz 496–498. Genau genommen beruhen Wotans Wälsungen-Plan und sein Erziehungsziel (siehe Tz 479–483) auf einem göttlichen Denkfehler oder auf göttlichem Wunschdenken. Während sich Wotan gehindert fühlt, seinem Vertragspartner (Fafner) den Ring abzunehmen (siehe Tz 643–650), scheint er sich frei zu fühlen, Fafners Ermordung durch Siegmund einzuleiten. Formal betrachtet richtig daran ist, dass Wotans Vertrag mit Fafner Siegmund nicht bindet; siehe *Rheingold* Tz 1042. Doch darf Wotan, will er seinen Vertrag mit Fafner respektieren, den Vertragspartner durch einen Dritten töten lassen?

105 Siehe *Rheingold* Regieanweisung nach Tz 1150.

106 Siehe Tz 509f.

107 Siehe Tz 608–614. Auch Wagner fremdelte mit Fricka. Als sich der Darsteller Wotans (Franz Betz) während der Proben zur Bayreuther

(Brünnhilde.)
Dir rat' ich, Vater, rüste dich selbst;
harten Sturm sollst du bestehn:
Fricka naht, deine Frau, im Wagen mit dem Widdergespann.

Hei! Wie die goldne Geißel sie schwingt!
Die armen Tiere ächzen vor Angst;
wild rasseln die Räder: zornig fährt sie zum Zank!

In solchem Strauße streit' ich nicht gern,
lieb' ich auch mutiger Männer Schlacht;
drum sieh', wie den Sturm du bestehst;
ich Lustige lass' dich im Stich!

Hojotoho! Hojotoho!
Heiaha! Heiaha!
...

In einem mit zwei Widdern bespannten Wagen langt Fricka aus der Schlucht auf dem Felsjoche an. Während sie anhält, verschwindet Brünnhilde seitlich im Gebirge. Fricka steigt aus und *schreitet heftig auf Wotan zu*, der ahnt, was ihn erwartet. Denn er weiß, was in der vergangenen Nacht in Hundings Haus geschah. Den dortigen Schwertfund hat er selbst arrangiert.[108] Dass die Kräfte der Natur (Lenz und Liebe) die Geschwister zum Ehebruch und Inzest verleiten würden, war nicht Wotans Plan,[109] obwohl ihm die betreffen-

---

Uraufführung im Jahr 1876 bei Wagner erkundigte, von wo aus Fricka auftreten werde, erklärte Wagner: *Links, der Teufel kommt immer von links;* Richard Fricke, *Eindrücke und Erlebtes*, S. 104.

[108] Siehe Tz 183f., 193, 216–234, 508–513.

[109] Ebenso: Deryck Cooke, *The World End*, S. 281 und 306; Peter Wapnewski in: Müller/Wapnewski (Hrsg.), *Wagner-Handbuch*, S. 287; anderer Ansicht: Jürgen Schläder in: Udo Bermbach (Hrsg.), *Alles ist nach seiner Art*, S. 107. Wotans machtorientierte Versuche, den Untergang der Götter abzuwenden, werden dreimal von der Kraft der Liebe durchkreuzt: (1) Der liebeshungrige Inzest der Wälsungen im ersten Aufzug der *Walküre* weckt mit verheerenden Folgen Frickas eifersüchtige Aufmerksamkeit. (2) Im zweiten Aufzug der *Walküre* zieht Brünnhildes (unerotische) Liebe zu Siegmund ihren Ungehorsam gegen Wotan und ihre Verbannung aus Walhall nach sich. (3) In der *Götterdämmerung* scheitert Wotans (inzwischen recht vage gewordene) Hoffnung auf eine Rückgabe des Rings an die Rheintöchter daran, dass Brünnhilde den Ring als Symbol ihrer Liebe zu Siegfried nicht hergeben will.

den Antriebskräfte in eigener Sache ganz gut vertraut sind.[110] Unerfreulich für Wotan ist eine nicht mehr zu übersehende Nebenwirkung seines Arrangements: die geschwisterliche Liebesnacht weckte die Aufmerksamkeit der göttlichen Hüterin der Ehe: Fricka.[111] Und der Impetus, mit dem die Amtsinhaberin naht, verheißt nichts Gutes. Schon bevor das erste Wort fällt, ist Wotan klar: soll sein großer Plan nicht scheitern, muss er der Empörten standhalten und den Ehebrecher schützen.[112] Daher nimmt er sich fest vor, Fricka nicht nachzugeben.

(Wotan.)
Der alte Sturm, die alte Müh'!
Doch Stand muss ich hier halten.

Das folgende Streitgespräch ist für die Handlung der Tetralogie von zentraler Bedeutung. Fricka vertritt darin die tradierten Werte, auf denen die Herrschaft der Götter beruht. Konsequent plädiert sie dafür, den Ehebruch mit dem Tod der Ehebrecher zu bestrafen. Wotan wirbt demgegenüber für eine Welt, in der Freiheit und (freie) Liebe mehr zählen als überkommene Regeln. Doch als Fricka aufzeigt, dass Wotans libertäre Ideen, würden sie verwirklicht, die Grundlagen der Götterherrschaft untergraben würden, lenkt Wotan ein. Er verspricht und schwört, dass Siegmund sterben muss. Von dieser Niederlage und deren Folgen – Wotan wird Siegmund durch Hunding töten lassen und er wird Brünnhilde, weil sie Siegmund und Wotans Ideale gegen dessen ausdrücklichen Befehl verteidigen wollte, aus Walhall verbannen – wird sich Wotan nur vorübergehend in der Schluss-Szene der *Walküre* erholen. Im *Siegfried* ist Wotan lediglich noch als *Wanderer (ein abgeschiedener Geist seiner selbst)*[113] unterwegs; in der *Götterdämmerung* wird er gar nicht mehr auftreten, sondern resignierend und depressiv Walhall sowie die Götter dem Flammentod widmen.[114] Frickas Triumph über Wotan wird darum besiegeln, was Fricka mit ihrem Plädoyer für eine

---

[110] Siehe *Rheingold* Tz 272f., 280 und *Walküre* Tz 455–458, 588f.

[111] Die göttliche Hüterin der Ehe (Fricka) und die Göttin der Liebe (Freia) sind bei Wagner zwar Schwestern, jedoch weder personenidentisch noch charakterlich ähnlich.

[112] Pointiert Deryck Cooke, *The World End*, S. 158: *Fricka ... remains the barren goddess of marriage-without-love, upholding the loveless and childless marriage of Sieglinde and Hunding.*

[113] So Wagner in einem ausführlichen *Brief an seinen Freund Röckel* vom 25./26. Januar 1854; siehe auch *Siegfried* Tz 1381–1402.

[114] Siehe *Götterdämmerung* Tz 425–450.

tödliche Ahndung des Ehebruchs vermeiden wollte: das finale Ende der Götter.

Doch noch ist es nicht so weit: Fricka mäßigt im Näherkommen ihren Schritt und *stellt sich mit Würde vor Wotan hin.* Sie eröffnet das Gespräch gekonnt mit einer Finte. Sie will Wotan in die Wildnis gefolgt sein, um seine Hilfe einzuholen – das Gegenteil ist der Fall.

(Fricka.)
Wo in Bergen du dich birgst,
der Gattin Blick zu entgehn,
einsam hier such' ich dich auf,
dass Hilfe du mir verhießest.

Wotan antwortet ebenso unaufrichtig und gibt sich ungezwungen, als ahne er nicht, warum Fricka ihm in die Wildnis folgte.[115]

(Wotan.)
Was Fricka kümmert, künde sie frei.

Derart bereitwillig lässt sich Fricka nicht zweimal bitten und teilt dem Frager geschäftsmäßig mit: auf Hundings Klage über den Ehebruch der Zwillinge versprach sie ihm, die Ehebrecher streng zu bestrafen.

(Fricka.)
Ich vernahm Hundings Not,
um Rache rief er mich an:
der Ehe Hüterin hörte ihn,
verhieß streng zu strafen die Tat des frech frevelnden Paars,
das kühn den Gatten gekränkt.

Hört man genau hin, fällt Frickas Empörung ähnlich wie Wotans Ungezwungenheit ein ganzes Stück „zu laut" aus, um authentisch zu wirken. Das gilt vor allem, wenn man die Begleitumstände der göttlichen Strafzusage bedenkt. Sie gilt einer von Lieblosigkeit und Gewalt geprägten Zwangsehe.[116] Ebenso dürfte Fricka gewusst haben, dass Hunding dem Ehebrecher aus anderem Grund ohnehin

[115] *Vornehm, wie ein König zu sprechen*, soll Wagner dazu bei den Bühnenproben zur Bayreuther Uraufführung vorgegeben haben; Heinrich Porges, *Die Bühnenproben*, Die Walküre, S. 14.

[116] Siehe Tz 21, 45–52, 176–179, 768–770.

schon den Tod wünschte.[117] Ist Frickas Ordnungssinn so sinnentleert, dass sie Gewaltanwendung schützen will, die unter dem Deckmantel der formalen Legalität einer Zwangsehe stattfindet? Oder: hat sich Fricka hergegeben, Hundings Rachedurst *für Sippenblut*[118] zu stillen? Beides wirkt unplausibel. Wagner zeichnet Fricka zwar nicht sonderlich sympathisch. Doch so, wie Fricka die Rangordnung zwischen Göttern und Menschen gleich beschreiben wird,[119] liegt es fern, ihr Strafversprechen mit dienender Willfährigkeit einer Göttin gegenüber irdischen Rachebedürfnissen zu erklären. Nach Frickas Worten und nach brieflichen Äußerungen Wagners beruht die göttliche Strafzusage auf Gründen, die wenig mit dem Ehebruch der Zwillinge, viel aber mit Frickas eigener unglücklicher Ehe zu tun haben. Fricka nutzt die verbotene Geschwisterliebe als willkommene und nach ihrem Empfinden längst überfällige Gelegenheit, Wotan die Kränkungen heimzuzahlen, die er Fricka (nicht nur) durch seine Affären zugefügt hat. Und eins muss man Fricka lassen: ein geeigneteres Ziel für solche Revanche als Wotans – Fricka besonders verhasste – Lieblingskinder[120] ist an den vier Abenden des *Rings* auf der Bühne nicht unterwegs.

Wotan begegnet Frickas Empörung mit jovialem Humor. Den inzestuösen Ehebruch erklärt er zum natürlichen Ergebnis frühlingshafter Liebe. Geschickte Gesprächsführung sieht anders aus, zumal Wotan die Stärke des eigenen Standpunktes sträflich überschätzt. Und die ganze Wahrheit ist Wotans fröhliche Deutung der zurückliegenden Nacht auch nicht: die Prägung der beiden Zwillinge als krasse Außenseiter und seine Anleitung Siegmunds zum konsequenten Regelbruch haben den Inzest ebenso begünstigt wie Wotans Idee, das rettende Schwert ausgerechnet bei Siegmunds unglücklich verheirateter Zwillingsschwester zu deponieren.

(Wotan.)
Was so Schlimmes schuf das Paar,
das liebend einte der Lenz?
Der Minne Zauber entzückte sie:
wer büßt mir der Minne Macht?

---

[117] Siehe Tz 166–175, 180–182.
[118] Siehe Tz 166–175.
[119] Siehe Tz 465–468, 484–487, 514–521.
[120] Siehe Tz 465–468.

Wotans Unschuldsbeteuerung besänftigt Fricka nicht. Nicht über Frühlingsgefühle, sondern über den göttlich gebotenen Schutz der Ehe will sie mit Wotan sprechen.[121] Wiederum deutet Frickas laute Empörung an, dass ihre Gefühlswallung andere und weit empfindlichere Wurzeln hat, als Fricka sie benennt. Vielleicht tritt man Fricka nicht zu nahe, wenn man für möglich hält, dass sie den Ehebruch der Zwillinge als Glücksfall empfindet. Denn der fremde Ehebruch erlaubt ihr, den als besonders schmerzlich empfundenen Bruch der eigenen Ehe[122] durch Wotan mit der irdischen Mutter der Zwillinge aus Gründen zu sanktionieren, denen sich der oberste Hüter der Gesetze nur schwer wird widersetzen können.

(Fricka.)
Wie törig[123] *und taub du dich stellst,*
als wüsstest fürwahr du nicht,
dass um der Ehe heiligen Eid,
den hart gekränkten, ich klage!

Wotans Antwort klingt wie ein Bekenntnis seines irdischen Schöpfers: wahre Gefühle, findet Wotan, sind wichtiger als tradierte Formen. Ein Ehe-Eid, *der Unliebende eint*[124], erscheint Wotan darum *unheilig*. Wo tradierte Formen mit authentischen Gefühlen kollidieren, müssen, geht es nach Wotan, die tradierten Formen und Regeln, nicht die Gefühle weichen. Und ein wenig Spott darf auch unter Göttern nicht fehlen: warum, hält Wotan der göttlichen Amtswalterin entgegen, solle er außerhalb der eigenen Zuständigkeit mit Zwang vermeiden, was Fricka in ihrem eigenen Ressort nicht gelingt?

---

[121] Es fällt auf, dass Fricka an dieser Stelle nicht den Vorwurf erhebt, Wotan habe den Ehebruch der Zwillinge gewollt oder gefördert. Da sie Wotan Tag und Nacht auf den Fersen folgt (Tz 509f.) und mit Vorwürfen an seine Adresse sonst nicht spart, ist das ein starkes Indiz dafür, dass Wotan den Inzest tatsächlich nicht inszenierte. In die gleiche Richtung deutet, dass der Inzest – für Wotan höchst unerwünscht – Frickas Aufmerksamkeit weckte. Wie aus Tz 478–483 hervorgeht, hat Wotan seinen Wälsungen-Plan bis soeben vor Fricka verheimlicht. Ihm lag an Siegmunds Schwertfund, nicht aber am inzestuösen Ehebruch der Zwillinge. Insofern konsequent zeigt Wotan in der finalen Szene der *Walküre* für die Frucht dieses Ehebruchs, den werdenden Siegfried, zunächst keinerlei Interesse; siehe Tz 1374–1397.

[122] Siehe Tz 467f.

[123] Töricht.

[124] Wotans Hinweis zielt auf Hundings Ehe mit Sieglinde, trifft aber nicht minder seine eigene Ehe mit Fricka.

(Wotan.)
Unheilig acht' ich den Eid, der Unliebende eint;
und mir wahrlich mute nicht zu,
dass mit Zwang ich halte, was dir nicht haftet:[125]
denn wo kühn Kräfte sich regen, da rat' ich offen zum Krieg.

Unterhaltsam jovial kaschiert Wotan den brisanten Kern seiner Haltung: der oberste Hüter des Rechts lehnt es ab, einen doppelten Regelverstoß der Zwillinge zu ahnden. Soweit es den eigenen Interessen dient, stellt Wotan die Liebe über das Gesetz.[126] Frickas Empörung hält in einer stabilen Seitwärtsbewegung moralisierend an; noch malt sie nicht aus, wohin es führen würde, sollten die Götter menschliche Regelverstöße künftig sanktionslos dulden.

(Fricka.)
Achtest du rühmlich der Ehe Bruch,
so prahle nun weiter, und preis es heilig,
dass Blutschande entblüht dem Bund eines Zwillingspaars.

Mir schaudert das Herz, es schwindelt mein Hirn:
bräutlich umfing die Schwester der Bruder!
Wann ward es erlebt, dass leiblich Geschwister sich liebten?

Wotans Antwort besteht aus drei Teilen, die inhaltlich wenig miteinander zu tun haben. Er beginnt mit einem Kalauer, der auf billige Weise zum Schenkelklopfen einlädt: heute habe Fricka halt eine Premiere erlebt, die sie nie habe erleben wollen. Diesen Kalauer ergänzt Wotan sodann um ein Bekenntnis des Textdichters in eigener Sache. Was Fricka unter Hinweis auf den Inzest empört, war Wagner im eigenen Kunstschaffen das höchste Ziel: dass sich in Wort, Ton und Bild etwas wie selbst zusammenfügt, was in dieser Form vom Publikum noch nie erlebt wurde – etwas völlig Neues und auf Anhieb Perfektes.[127] Dieses Credo seines literarischen Schöpfers

---

[125] Mute mir nicht zu, mit Zwang etwas zu verhindern, was du als göttliche Hüterin der Ehe nicht verhindern konntest.

[126] So zutreffend Volker Mertens, *Der Ring*, S. 47.

[127] Dazu Wagner, *Dichtkunst und Tonkunst im Drama der Zukunft* (Oper und Drama 3. Teil) GSD IV, S. 227: *Wo nun der Staatsmann verzweifelt, der Politiker die Hände sinken lässt, der Sozialist mit fruchtlosen Systemen sich plagt, ja selbst der Philosoph nur noch deuten, nicht aber vorausverkünden kann, – weil Alles, was uns bevorsteht, nur in unwillkürlichen Erscheinungen sich zeigen kann – da ist es der Künstler, der mit klarem Auge Gestalten ersehen kann, wie sie der Sehnsucht sich zeigen, die nach*

ergänzt Wotan im dritten Teil seiner Antwort um eine von ihm als *redlichen Rat* betitelte, in Wahrheit aber höhnische Zumutung, die – zumal, wenn man den Stand seiner Ehe mit Fricka berücksichtigt – an Impertinenz schwer zu übertreffen ist: da Fricka in ihrer Empörung erkannt habe (*leuchtet dir hell*), dass die Zwillinge sich lieben, empfiehlt er Fricka, den (ehebrecherischen) Bund zu segnen; diesen Segen würden die Zwillinge ihr – man darf sich wohl süffisant hinzudenken: anders als manche Adressaten eines braven Ehesegens – durch *süße Lust* belohnen.

(Wotan.)
Heut' – hast du's erlebt.
Erfahre so, was von selbst sich fügt,
sei zuvor auch noch nie es geschehn.

Dass jene sich lieben, leuchtet dir hell,
drum höre redlichen Rat:
soll süße Lust deinen Segen dir lohnen,
so segne, lachend der Liebe,[128] *Siegmunds und Sieglindes Bund!*

Auch wer mit Fricka fremdelt, wird verstehen, dass sie auf diese Invektive *in höchste Entrüstung ausbricht.* Eher ist zu bewundern, wie kontrolliert Fricka bei allem Unmut ihr sachliches Anliegen im Blick behält. Klug gibt sie einen politischen Aspekt zu bedenken, den Wotan in seiner vordergründigen Jovialität völlig zu übersehen scheint: ob und wie die Götter den doppelten Regelbruch der Zwillinge sanktionieren, betrifft nicht allein den in Rede stehenden Einzelfall. Sollte – wie Wotan proklamiert – menschliche *Lust und Laune* auf Erden künftig mehr zählen als ein göttliches Gesetz, so könnte auf Erden bald jeder nach Lust und Laune walten und wäre das Ende der Götterherrschaft besiegelt. Nach diesem staatspolitischen Exkurs kehrt Fricka zum Kern ihres persönlichen Kummers zurück. Bitter beklagt sie Wotans Untreue im Allgemeinen und seine Vorliebe für die (Mutter der) Wälsungen im Besonderen. Während Wotan die ausnahmslos mit anderen Frauen (vermutlich Göttinnen) gezeugten Walküren immerhin respektvoll Frickas Befehlsgewalt (*Gehorsam*) unterstellte,[129] haben die Wälsungen Walhall nie

dem einzig Wahren – dem Menschen verlangt. Der Künstler vermag es, eine noch ungestaltete Welt im Voraus gestaltet zu sehen, eine noch ungewordene aus der Kraft seines Werdeverlangens im Voraus zu genießen.

[128] So segne in Freude an der Liebe.

[129] Siehe schon Tz 462–464 und Der große Prosaentwurf *Die Walküre* (Mai 1852), wo die betreffende Textstelle sprachlich weniger dunkel

von innen gesehen. Und ausgerechnet das gesetzlose Tun dieser irdischen Zwillinge, empört sich Fricka, sei Wotan nun im Begriff, höher zu gewichten als ein Strafversprechen seiner göttlichen Ehefrau.

(Fricka.)
So ist es denn aus mit den ewigen Göttern,
seit du die wilden Wälsungen zeugtest?
Heraus: sagt' ich's; traf ich den Sinn?

Nichts gilt dir der Hehren heilige Sippe[130]*;*
hin wirfst du alles, was einst du geachtet;
zerreißest die Bande, die selbst du gebunden;
lösest lachend des Himmels Haft:
dass nach Lust und Laune nur walte dies frevelnde Zwillingspaar,
deiner Untreue zuchtlose Frucht.

O, was klag' ich um Ehe und Eid,
da zuerst du selbst sie versehrt.
Die treue Gattin trogest du stets;
wo eine Tiefe, wo eine Höhe, dahin lugte lüstern dein Blick,
wie des Wechsels Lust du gewännest[131]
und höhnend kränktest mein Herz.

Trauernden Sinnes musst' ich's ertragen,
zogst du zur Schlacht mit den schlimmen Mädchen,[132]
die wilder Minne Bund dir gebar:
denn dein Weib noch scheutest du so,[133]
dass der Walküren[134] *Schar, und Brünnhilde selbst,*
deines Wunsches Braut, in Gehorsam der Herrin du gabst.

Doch jetzt, da dir neue Namen gefielen,
als „Wälse“ wölfisch im Walde du schweifest;

---

lautet: *Doch so viel* (Achtung) *schon noch hattest du vor mir, deinem ächten Weibe, dass du der Walküren Schaar, und Brünnhilden selbst, deines Wunsches Kind, zu gehorchen mir unterwarfst.*

130 Die Götter.

131 Siehe *Rheingold* Tz 271f. und 280.

132 Mit den Walküren.

133 Immerhin hast du mich damals noch so geachtet, dass ...

134 Göttinnen, die auf dem Schlachtfeld (der Wal) über Sieg und Niederlage und darüber entscheiden (küren), welche gefallenen Helden ehrenvoll für Walhall taugen oder ehrlos zur Hölle (nach Hella) fahren müssen.

jetzt, da zu niedrigster Schmach du dich neigtest[135],
gemeiner Menschen ein Paar zu erzeugen:[136]
jetzt dem Wurfe der Wölfin[137] *wirfst du zu Füßen dein Weib!*

So führ' es denn aus; fülle das Maß!
Die Betrogne lass auch zertreten!

Wohl aus Mangel an zugkräftigen Gegenargumenten geht Wotan mit keiner Silbe auf dieses beeindruckende Plädoyer ein. Statt auf der Sachebene zu replizieren, wechselt Wotan das Thema und wirbt unvermittelt für den Wälsungen-Plan, den er bis dahin konsequent auch allen Mitgöttern verheimlicht hat.[138] Anders als man ihm raten würde, eröffnet Wotan seine Werbeaktion mit einem verletzenden Tadel der Adressatin: Fricka verstehe immer nur Gewohntes, während er selbst (ähnlich wie Wagner)[139] etwas völlig Neues schaffen wolle.[140] Diesen Tadel durfte sich Wagners erste Ehefrau Minna in dieser oder ähnlicher Form mehr als einmal anhören.[141] Anders als Fricka kennen wir den Wälsungen-Plan bereits: ein von den Göttern und ihren Gesetzen unabhängiger Held soll Wotans Vertragspartner Fafner töten und den Ring an die Rheintöchter zurückgeben, um die Welt vom Ringfluch zu erlösen.[142]

---

[135] Gemeint ist Wotans Seitensprung mit einer Menschenfrau – der Mutter von Siegmund und Sieglinde.

[136] Gemeint sind Siegmund und Sieglinde als die Kinder der Menschenfrau.

[137] Abfällig (und dramaturgisch steigernd) gemeint: die in Frickas Augen minderwertige Menschenmutter von Siegmund und Sieglinde.

[138] Selbst seine engste Vertraute, Brünnhilde, wird Wotan erst nach seiner aktuellen Begegnung mit Fricka in diesen Plan einweihen; siehe Tz 577–579, 651–657, 671–678.

[139] Siehe dazu Thomas Mann, *Betrachtungen eines Unpolitischen* (1918): *Was Wagner betrifft, so steht fest, dass er als Künstler und Geist sein Leben lang ein Revolutionär war.*

[140] Dass seine eigene Macht maßgeblich auf tradierten Regeln gründet, scheint Wotan nicht aufzufallen.

[141] Dazu Martin Gregor-Dellin, *Richard Wagner*, S. 382, 385, 420 sowie Torsten Meiwald, *Randbemerkungen*, S. 60ff. und Richard Wagners *Brief an seine erste Ehefrau Minna* vom 30. September 1854: *als ich gestern Deinen etwas misstrauischen Brief bekam, hatte ich gerade das Auftreten der Fricka zu komponieren; das stimmte gar nicht übel zusammen.*

[142] Siehe *Götterdämmerung* Tz 454–460.

(Wotan.)
Nichts lerntest du, wollt' ich dich lehren,
was nie du erkennen kannst,
eh' dir ertagte die Tat.[143]

Stets Gewohntes nur magst du verstehn:
doch was noch nie sich traf,
danach trachtet mein Sinn![144]

Eines höre!
Not tut ein Held, der, ledig göttlichen Schutzes,
sich löse vom Göttergesetz;

so nur taugt er zu wirken die Tat,
die, wie not sie den Göttern,
dem Gott doch zu wirken verwehrt.[145]

So viel Tiefsinn aus Wotans Mund ist Fricka suspekt. Sie argwöhnt – dieses Mal zu Unrecht – eine Täuschung. Aber auch konzeptionell hält Fricka nichts von Wotans Idee; sie hat ein anderes Menschenbild. Während Wotan von einem freien Helden träumt, glaubt Fricka nicht, dass Menschen leisten können, was Göttern verwehrt ist.

---

[143] Neues lernst Du erst, wenn Du es siehst. – Unter vier Augen möchte man Wotan zuraunen, dass er in dieser Hinsicht im Glashaus sitzt. Denn die verhängnisvollen Wirkungen des Rings und des Ringfluches hat Wotan im *Rheingold* weder auf Alberichs warnende Worte noch auf Erdas Warnung, sondern nach eigenem Bekenntnis erst unter dem Eindruck von Fafners Brudermord erfasst; siehe *Rheingold* Tz 927f., 956, 1074f., 1078f.; nach dem Brudermord dann Tz 1113 und 1125.

[144] Du verstehst immer nur Gewohntes, ich aber suche das Neue, noch nie Dagewesene. Näher zum biographischen Hintergrund dieses Vorhalts: Josef Lehmkuhl, *Kennst du genau den Ring*, S. 104f. Zu Wagners Haltung und Selbstbild siehe auch den *Brief an seine erste Ehefrau Minna* vom 16. April 1850: ... *Du denkst nur mit Wehmut und Sehnsucht an die Vergangenheit zurück – ich gebe sie auf und denke nur an die Zukunft. All deine Wünsche gehen auf Versöhnung mit dem Alten, auf Nachgeben und Sichschmiegen, auf Wiederanknüpfen – ich habe mit allem Alten gebrochen und bekämpfe es mit allen meinen Kräften. Du hängst an der Person, ich an der Sache; du am einzelnen Menschen, ich an der Menschheit.*

[145] Wir brauchen einen freien Helden, den unsere Regeln nicht binden. Dieser kann tun, was wir tun müssten, aber nicht tun können, weil wir an Verträge gebunden sind; siehe dazu auch *Götterdämmerung* Tz 1376–1379.

(Fricka.)
Mit tiefem Sinne willst du mich täuschen:
was Hehres sollten Helden je wirken,
das ihren Göttern wäre verwehrt,
deren Gunst in ihnen nur wirkt?

Wotans merkwürdig blass und fragend[146] vorgetragener Einwand, dass Fricka den freien Willen der Menschen missachte,

(Wotan.)
Ihres eignen Mutes[147] *achtest du nicht?*

überzeugt Fricka nicht. Für sie tun Menschen nur, was Götter ihnen eingeben. Ein besonders gutes Beispiel dafür, belehrt sie Wotan ironisch, sei doch Siegmund: dessen rebellischer Trotz gegen alle hergebrachten Regeln sei kein Ausdruck von Freiheit, sondern bloß das Ergebnis von Wotans Erziehungs-Dressur.

(Fricka.)
Wer hauchte Menschen ihn[148] *ein?*
Wer hellte den Blöden den Blick?
In deinem Schutz scheinen sie stark;
durch deinen Stachel streben sie auf:
du reizest sie einzig, die so mir Ew'gen du rühmst.[149]

Mit neuer List willst du mich belügen,
durch neue Ränke jetzt mir entrinnen;
doch diesen Wälsung gewinnst du dir nicht:
in ihm treff' ich nur dich,
denn durch dich trotzt er allein!

Unverändert von den Meriten seines Wälsungen-Plans überzeugt und wohl auch ein wenig überstolz auf das Ergebnis seiner überharten Erziehung des designierten Weltenretters, reklamiert Wotan, Siegmund stehe, durch stetes Unglück gereift, ganz auf eigenen Beinen; nie habe er (Wotan) ihn beschützt.

---

[146] Erst beim Komponieren versah Wagner diesen Einwand Wotans mit einem Fragezeichen.

[147] Willen.

[148] Den Mut, also den eigenen Willen.

[149] Was du an den Menschen rühmst, hast du ihnen zuvor eingegeben.

(Wotan.)
In wilden Leiden erwuchs er sich selbst,
mein Schutz schirmte ihn nie.

Geistesgegenwärtig ergreift Fricka die Gelegenheit beim Schopfe: wenn er (Wotan) Siegmund noch nie geschützt habe, so sei das auch heute nicht nötig, nimmt sie Wotan beim Wort. Insbesondere, fügt sie süffisant hinzu, brauche Siegmund dann auch nicht das Schwert, das Wotan ihm schenkte.

(Fricka.)
So schütz' auch heut' ihn nicht!
Nimm ihm das Schwert, das du ihm geschenkt!

Wotan tut, als wisse er nicht, von welchem Schwert die Rede ist. Wie seinen ganzen Wälsungen-Plan hält er das *Wotansschwert* für eines seiner bestgehüteten Geheimnisse.

(Wotan.)
Das Schwert?

Die plumpe Schwindelei trägt nicht weit. Mit vernehmlicher Genugtuung erklärt ihm Fricka, dass sie längst weiß, was Wotan für sein Geheimnis hält. Während sie ihn Schritt für Schritt demaskiert und Oberhand gewinnt, wird Fricka zunehmend gelassener.

(Fricka.)
Ja, das Schwert –
das zauberstark zuckende Schwert,
das du Gott dem Sohne gabst.

Als Wotan, der ab hier *in seiner ganzen Haltung* zunehmend einen *tiefen Unmut ausdrückt*, *heftig und schnell* einwendet, Siegmund habe Nothung in großer Not selbst gewonnen,

(Wotan.)
Siegmund gewann es sich selbst in der Not!

holt Fricka in vier Schritten zum finalen Triumph aus: Zunächst entlarvt sie Wotans jüngstes Argument als Täuschungsmanöver. Sie folgt ihm Tag und Nacht auf den Fersen. Daher weiß sie, dass Siegmunds Weg in Hundings Haus, seine dortige Notlage und sein dortiger Schwertfund sämtlich Wotans Werk waren. Zweitens, und schon etwas peinlich, hält sie Wotan vor, dass er Siegmund den

Schwertfund sogar vorab versprochen hat.[150] Drittens stellt Fricka klar: Götter sind höhere Wesen als Menschen. Götter (*Edle*) müssen darum nicht mit Menschen (*Unfreien*) streiten. Menschen, die göttliche Regeln missachten (*Frevler*), sind vielmehr so zu bestrafen wie ungehorsame Knechte. Darum liegt für Fricka auf der Hand: Siegmund muss bestraft werden wie ein ungehorsamer Knecht. Schließlich und zum vierten führt Fricka ihrem Gatten die Konsequenzen seiner libertären Ideen am Einzelfall vor Augen: Will Wotan die oberste Göttin und eigene Ehefrau einem irdischen Übeltäter unterordnen, der ihm (Wotan) als Knecht *hörig und eigen* ist? Wenn Wotan das zulasse, hält sie ihm vor, könne bald der niedrigste Mensch die höchste Göttin sanktionslos beleidigen. Und das, so setzt Fricka fort, werde Nachahmer ermutigen und die Göttin dem Spott aller Menschen preisgeben. Sie so zu entweihen, legt sie Wotan geschickt in den Mund, könne er nicht wollen. Was Fricka nicht direkt ausspricht, damit aber auch meinen dürfte, liegt nahe: wird Siegmund nicht so bestraft, wie sie Hunding das versprochen hat, werden die Götter sowie deren Worte und Regeln auf Erden bald nichts mehr gelten.

(Fricka.)
Du schufst ihm die Not, wie das neidliche Schwert.
Willst du mich täuschen,
die Tag und Nacht auf den Fersen dir folgt?

Für ihn stießest du das Schwert in den Stamm;
du verhießest ihm die hehre Wehr:
willst du es leugnen, dass nur deine List ihn lockte, wo er es fänd'?

(Wotan fährt mit einer grimmigen Gebärde auf.)

Mit Unfreien streitet kein Edler;[151]
den Frevler straft nur der Freie.[152]
Wider deine Kraft führt' ich wohl Krieg:[153]
doch Siegmund verfiel mir als Knecht!

(Neue heftige Gebärde Wotans, dann Versinken in das Gefühl seiner Ohnmacht.)

---

[150] Siehe Tz 183f.

[151] Mit Menschen (Unfreien) müssen Götter (Edle) nicht streiten.

[152] Ungehorsame Menschen (Frevler) werden von Göttern bestraft.

[153] Mit dir streite ich, wenn wir nicht einig sind.

Der dir als Herren hörig und eigen,
gehorchen soll ihm dein ewig Gemahl?[154]
Soll mich in Schmach der Niedrigste schmähen,
dem Frechen zum Sporn, dem Freien zum Spott?

Das kann mein Gatte nicht wollen,
die Göttin entweiht er nicht so!

Unter der Wucht dieser Argumente lenkt Wotan ein, ohne preiszugeben, warum er das tut. In der folgenden Szene wird Wotan Brünnhilde anvertrauen, dass ihm bei aller Abneigung gegen Frickas Argumente ein Aspekt einleuchtet: sollten die Götter einen eklatanten Verstoß gegen göttliche Regeln nicht bestrafen, so stünde bald die Göttermacht insgesamt in Frage. Kurz gesprochen: Wotan lenkt ein, weil er den Machtverlust der Götter befürchtet. Im Ton *finster* und in der Sache unterwürfig überlässt Wotan mit einer resignierenden Antwort Fricka das Feld. Ahnt er nicht, was sie daraus machen wird?

(Wotan finster.)
Was verlangst du?

Fricka antwortet erfrischend einsilbig und prägnant.

(Fricka.)
Lass' von dem Wälsung!

Aus dieser Forderung entwickelt sich ein Pokerspiel, das Wotan Runde um Runde verlieren wird, weil er schon vor Spielbeginn bedingungslos kapituliert hat – und weil Fricka jede seiner fadenscheinigen Ausflüchte gleich unerbittlich hinterfragen wird. Im ersten Schritt bietet Wotan *mit gedämpfter Stimme* an, Siegmund seines Weges ziehen zu lassen. Das genügt Fricka nicht. Wotan soll ihr zusagen, dass er Siegmund nicht vor Hundings Rache schützen wird.

(Wotan.)
Er geh' seines Wegs.

(Fricka.)
Doch du, schütze ihn nicht,
wenn zur Schlacht ihn der Rächer ruft!

154 Mich willst du Siegmund unterordnen, der dir hörig und untertan ist?

Das gesteht Wotan zu. Sein – in der Partitur durch eine Viertel-Pause markiertes – Zögern nach dem einleitenden *Ich*[155] erinnert Fricka freilich an Brünnhilde. Auch sie, fordert Fricka, dürfe Siegmund nicht schützen.

(Wotan.)
Ich – schütze ihn nicht.

(Fricka.)
Sieh mir ins Auge; sinne nicht Trug:
die Walküre wend' auch von ihm!

Auch Wotans nächster Winkelzug fällt durchsichtig aus. Als wäre Fricka sein innig vertrautes Verhältnis zu Brünnhilde nicht bekannt, erklärt er, Brünnhilde könne tun, was sie wolle. Darauf fällt Fricka nicht herein. Sie fordert, dass er Brünnhilde verbietet, Siegmund zu unterstützen. Bemerkenswert ist, wie Fricka das begründet. Noch vor Wotan und Brünnhilde benennt Fricka an dieser Stelle den Grund für Brünnhildes bevorstehende Befehlsverweigerung:[156] als Abbild von Wotans innerem Willen (*Deinen Willen vollbringt sie allein*) handele Brünnhilde regelmäßig so, wie Wotan frei von äußeren Zwängen selbst handeln würde.

(Wotan.)
Die Walküre walte frei!

(Fricka.)
Nicht doch!
Deinen Willen vollbringt sie allein:
verbiete ihr Siegmunds Sieg!

In heftigen inneren Kampfe ausbrechend – immerhin verhandelt er gerade über Leben oder Tod seines geliebten Sohnes – gibt Wotan vor, das eigene Zauberschwert nicht zu beherrschen. Wiederum schon etwas peinlich lässt er sich von Fricka sagen, wie man als Gott ein solches Problem löst.

(Wotan, mit heftigem innerem Kampfe.)
Ich kann ihn nicht fällen,
er fand mein Schwert!

---

[155] Siehe den gleichen Effekt in *Götterdämmerung* Tz 594.

[156] Siehe dazu auch Tz 577–579, 722, 1200–1202, 1293–1295 und 1329–1331.

(Fricka.)
Entzieh' dem den Zauber,
zerknick' es dem Knecht!
Schutzlos schau' ihn der Feind!

Von der Höhe her ist Brünnhildes jauchzender Walkürenruf zu vernehmen. Brünnhilde erscheint mit ihrem Pferd seitlich auf einem Felspfad. Als sie entdeckt, dass Fricka noch bei Wotan ist, *bricht sie schnell ihren Gesang ab* und führt ihr Pferd *still und langsam am Zügel den Felsweg hinab; dort birgt sie es in einer Höhle.* Frickas ironischen Kommentar, Wotans *kühne Maid* sei zurückgekehrt, beantwortet Wotan *dumpf für sich* mit resignierender Einsicht in die neuen Gegebenheiten.

(Brünnhilde.)
Heiaha! Heiaha! Hojotoho!

(Fricka.)
Dort kommt deine kühne Maid:
jauchzend jagt sie daher.

(Brünnhilde.)
Heiaha! Heiaha!

(Wotan dumpf für sich.)
Ich rief sie für Siegmund zu Ross!

(Brünnhilde.)
Hojohoto-johotojo-ha!

Eigentlich ist zwischen den göttlichen Ehegatten alles gesagt. Doch Fricka krönt ihren Sieg mit einer finalen Demütigung. Mit beißender Ironie fasst sie den Ausgang des Streitgesprächs zusammen. Dann fordert sie Wotan auf, das Todesurteil seines (nicht ihres) Sohnes[157] zu beeiden. Schließlich teilt sie Wotan mit, wie sie sich den weiteren Ablauf des Tages vorstellt: Brünnhilde soll Frickas Todesurteil in Wotans Auftrag an Siegmund vollstrecken.

(Fricka.)
Deiner ew'gen Gattin heilige Ehre beschirme heut' ihr Schild!

---

[157] Siegmund ist Wotans, nicht aber Frickas Sohn.

Von Menschen verlacht, verlustig der Macht,
gingen wir Götter zu Grund,
würde heut' nicht hehr und herrlich mein Recht
gerächt von der mutigen Maid.

Der Wälsung fällt meiner Ehre:
empfah' ich von Wotan den Eid?

Wotan wirft sich *in furchtbarem Unmut* auf einen Felsensitz – und leistet den geforderten Eid.

(Wotan.)
Nimm den Eid.

Fricka gibt sich zufrieden. Auf dem Rückweg zu ihrem Widdergespann begegnet sie Brünnhilde und hält einen Augenblick an. Höhnisch grüßt sie mit Worten, die klingen, als habe Wotan soeben eine eigene Entscheidung getroffen.

(Fricka zu Brünnhilde.)
Heervater harret dein:
lass' ihn dir künden, wie das Los er gekiest.

Fricka besteigt ihren Wagen und fährt schnell davon.

Das Streitgespräch hinterlässt die Frage, warum Wotan verspricht, Siegmund zu opfern, obwohl er ihn liebt, für seinen Rettungsplan nicht auf ihn verzichten kann und sich eingangs des Gesprächs doch so fest vorgenommen hatte, Fricka nicht nachzugeben.[158] Eine konsistente Erklärung dazu hören wir von Wotan nicht. In seinem folgenden Selbstgespräch vor Brünnhilde[159] sowie in seinem finalen Abschiedsgespräch von ihr[160] führt Wotan sein Einlenken darauf zurück, Fricka habe ihm die Augen für eine konstruktive Schwäche seines Wälsungen-Plans geöffnet. Da charakterlich von ihm selbst geprägt, sei Siegmund nur eine Marionette und weder frei noch unabhängig.[161] Darum will Wotan eingesehen haben, dass Siegmund nicht als Weltenretter in Frage kommt.[162]

---

[158] Siehe Tz 407f.

[159] Siehe Tz 569–678.

[160] Siehe Tz 1276–1352.

[161] Siehe Tz 496–498, 508–513, 658–668 und 675–678.

[162] Siehe Tz 675–678. Noch einen Schritt weiter als Wotan in seiner Analyse des eigenen Verhaltens geht Carl Dahlhaus. Er meint, dass Wotan

Die zentrale Frage, warum Siegmund sterben muss, beantwortet der ungekrönte Meister der Selbstsuggestion mit diesem Gedankengang allerdings nicht. Den Wälsungen-Plan hätte Wotan doch aufgeben können, ohne Siegmund zu opfern. Auch Frickas Ehre, die ihn bei anderer Gelegenheit wahrlich nicht beunruhigt,[163] taugt kaum als Motiv für Wotans Zustimmung zum Todesurteil. Ebenso liegt fern, dass Wotan den Ehebruch der Zwillinge für todeswürdig hält. Denn auf seine eigene Freiheit zum Ehebruch legt Wotan seit jeher großen Wert.[164] Die richtige Antwort dürfte lauten: Wotan opfert Siegmund zum Machterhalt. Den Keim für dieses Motiv platziert Wagner dramaturgisch höchst geschickt an einer Stelle, an der auf der Bühne und im Zuschauerraum niemand mit einer derart gravierenden Weichenstellung rechnet: in Frickas einleitender Bemerkung, sie habe Hunding versprochen, den Ehebruch *streng zu strafen.*[165] Diese Zusage aus göttlichem Mund erhebt die höchst menschliche Verfehlung zu einer Staatsangelegenheit. Wie Wotan im Gespräch mit Fricka erst nach und nach erkennt, würde ein Bruch dieser göttlichen Strafzusage die Autorität der Götter nicht weniger gefährden als ein eigener Vertragsbruch Wotans gegenüber Fafner.[166] Das ist der Gesichtspunkt, den Wotan in seinem Abschiedsgespräch von Brünnhilde nachher als *„das Andre"* bezeichnen wird. Wotan fühlt sich als Staatsmann berufen, seine Sohnesliebe der Staatsraison unterzuordnen.[167]

Die Dramaturgie des ehelichen Streitgesprächs hat Wagner mit großer Sorgfalt entworfen. Bei näherer Betrachtung ist Wotan nicht das hohle Großmaul, als das er wirkt, wenn man sein anfängliches Statement (*Doch Stand muss ich hier halten*) mit seiner Kapitulationserklärung (*Was verlangst du?*) vergleicht.[168] Als Wotan sich vornimmt, Fricka standzuhalten, kennt er ihre Strafzusage an Hunding noch nicht. Darum hat Wotan ursprünglich keinen Anlass zu befürchten, Straffreiheit für den Ehebrecher könne den eigenen Machtanspruch berühren. Den vorentscheidenden Fallstrick

---

den besagten Konstruktionsfehler seines Rettungsplans schon immer gekannt und sich lediglich nicht offen eingestanden habe: *Wotan muss Fricka folgen, weil sie ausspricht, was er selbst insgeheim wusste, ohne es sich einzugestehen*; Carl Dahlhaus, *Wagners Musikdramen*, S. 172f.

163 Siehe *Rheingold* Tz 269–273, 280 und *Walküre* Tz 453–468.

164 Siehe *Rheingold* Tz 262–273, 280.

165 Siehe Tz 414–418.

166 Siehe Tz 444–450 und 514–523.

167 Siehe Tz 1304–1308, 1311–1313 und 1332–1339.

168 Vgl. einerseits Tz 407f. und andererseits Tz 524, 554.

platziert Wagner in Frickas erster Wortmeldung.[169] So steht der Ausgang des Streitgesprächs fest, bevor der Dialog richtig Fahrt aufgenommen hat. Wer bezweifelt, dass dies Wagners Absicht war, sollte auf das Orchester hören. Zu Frickas Hinweis auf ihr Strafversprechen gegenüber Hunding intonieren die Holzbläser den ersten Takt des Motivs, das später das *Götterdämmerungs*-Motiv bilden wird.[170] So deutet das Orchester an, dass mit Frickas erster Botschaft die Sache „so gut wie gelaufen" ist. Mit alledem wollte Wagner zeigen, wohin die wechselseitige Lieblosigkeit einer nach seinem Empfinden überlang fortgesetzten Ehe führt. Wagner meinte, dass Alberich und der Ringfluch den Göttern nur etwas anhaben könnten, weil insbesondere Wotan und Fricka durch ihre lieblos und überlang fortgesetzte Ehe für solches Unheil empfänglich sind:

> *„Alberich und sein Ring konnten den Göttern nichts schaden, wenn diese nicht bereits für das Unheil empfänglich waren. Wo liegt nun der Keim dieses Unheils? Siehe die erste Szene zwischen Wotan und Fricka – die endlich bis zu der Szene im 2. Akte der Walküre führt. Das feste Band, das beide bindet, entsprungen dem unwillkürlichen Irrtume der Liebe, ..bringt beide Verbundene bis zur gegenseitigen Qual der Lieblosigkeit. Der Fortgang des ganzen Gedichts zeigt demnach die Notwendigkeit, den Wechsel, die Mannigfaltigkeit, die Vielheit, die ewige Neuheit der Wirklichkeit und des Lebens anzuerkennen und ihr zu weichen."*[171]

Die Zwickmühle, die sich aus Frickas Strafzusage ergibt, ist nach Wagners Konzept ein eheliches Gemeinschaftsprodukt. Nur den letzten Spielstein zur Vollendung dieser Zwickmühle setzt Fricka. Den fruchtbaren Boden dafür schuf Wotan. Das gilt nicht nur für seine Ehebrüche und die von Fricka als besonders kränkend empfundene Affäre mit einer gewöhnlichen Menschenfrau.[172] Auch bei anderer Gelegenheit verhält sich Wotan robust lieblos.[173] Und ein weiterer Beitrag Wotans zum Scheitern seiner Pläne ist mit Händen

---

[169] Siehe Tz 414–418.

[170] Hinweis von Barbara Zuber in: Udo Bermbach (Hrsg.), *Alles ist nach seiner Art – Fricka, Eine Frau des 19. Jahrhunderts*, S. 65.

[171] Richard Wagner, *Brief an August Röckel* vom 25./26. Januar 1854.

[172] Siehe Tz 444–452 und 465–469.

[173] Siehe *Rheingold* Tz 269–273, 280 und Regieanweisung nach Tz 386.

zu greifen: seine Geheimniskrämerei gegenüber Fricka. Erst nachdem Fricka seinen Plan mit ihrem Racheversprechen gegenüber Hunding eifersüchtig durchkreuzt hat, weiht Wotan sie in seinen Plan ein.[174]

Noch ein weiteres Wort zu Wotan: in seinem Streitgespräch mit Fricka ebenso wie in seinen Dialogen mit Loge und Brünnhilde[175] hat Wotan meist das Nachsehen. Das scheint sich schlecht mit einer Äußerung Wagners zu vertragen, wonach Wotan die *Summe der Intelligenz der Gegenwart* darstelle.[176] Die vermeintliche Lücke zwischen diesem Anspruch und der eher durchschnittlichen Bühnenrealität von Wotans Scharfsinn schließt sich, wenn man die besagte Textstelle im Zusammenhang liest:

> „*Sieh Dir ihn recht an! Er gleicht* (uns) *aufs Haar; er ist die Summe der Intelligenz der Gegenwart, wogegen Siegfried der von uns gewünschte, gewollte Mensch der Zukunft ist, der aber nicht durch uns gemacht werden kann und der sich selbst schaffen muss durch* (unsere Vernichtung)."

Mit dem Attribut *Summe der Intelligenz der Gegenwart* wollte Wagner dem Anführer der Götter mitnichten überragende Intelligenz zuschreiben. Im Sprachverständnis seiner Zeit und terminologisch wohl auch beeinflusst durch seinen russischen Freund Bakunin[177] wollte Wagner dem obersten Gott die Zugehörigkeit zum (überlebten) gesellschaftlichen Establishment attestieren.[178] Nach Wagners Verständnis steht in Wotan somit der typische Besucher seines Gesamtkunstwerkes auf der Bühne.

---

[174] Siehe Tz 472–487. Ob sich Fricka mit einem Strafversprechen gegenüber Hunding zurückgehalten hätte, hätte Wotan sie beizeiten in den Wälsungen-Plan eingeweiht, wissen wir natürlich nicht. Da Wotans Plan Fricka auch konzeptionell nicht überzeugt, wirkt das eher unwahrscheinlich.

[175] Siehe insbesondere Tz 1276–1418.

[176] Richard Wagner, *Brief an August Röckel* vom 25./26. Januar 1854.

[177] Insbesondere in Russland verstand man seinerzeit unter Intelligenzija die gesellschaftliche Oberschicht.

[178] In diesem Sinne auch Deryck Cooke, *The World End*, S. 267 und Carl-Heinz Mann, *Gerechtigkeit für Wotan*, S. 40.

He shows himself a Freudian before Freud.[179]

Zweite Szene

Diese Szene hielt Wagner für die wichtigste Szene der Tetralogie.[180] In einem von Brünnhilde behutsam assistierten Selbstgespräch reflektiert Wotan darin seinen bisherigen Werdegang.[181] Äußerer Anlass für den teils selbstkritischen Rückblick ist der Ausgang seines Streitgesprächs mit Fricka. Sein Todesschwur und dessen absehbare Konsequenzen lassen Wotan verzweifeln. Wotan liebt Siegmund und sieht sich auch politisch gescheitert. Mit Siegmunds Tod wird der aufwendig vorbereitete Wälsungen-Plan obsolet. Und wie der Ringfluch nun noch getilgt werden könnte, ist für Wotan nicht zu erkennen.

Der Kontrast zwischen Frickas demonstrativ guter Abschiedslaune und der gebeugten Haltung, in der sie Wotan vorfindet, verrät Brünnhilde auf den ersten Blick, wie das eheliche Streitgespräch ausging. *Verwundert und besorgt* tritt sie zu Wotan, der seinen Kopf schwermütig in eine Hand stützt und *in finsteres Brüten versunken* ist.

(Brünnhilde.)
Schlimm, fürcht' ich, schloss der Streit, lachte Fricka dem Lose!
Vater, was soll dein Kind erfahren?
Trübe scheinst du und traurig?

Wotan lässt *machtlos* seinen Arm sinken und den Kopf in den Nacken fallen. Er fühlt sich so unfrei, wie Fricka vorhin die Menschen

---

179 Bryan Magee, *Aspects of Wagner*, S. 38, derselbe S. 13: *He realized half a century before Freud that, today we have only to interpret the Oedipus myth in a way that keeps faith with its essential meaning to get a coherent picture from it of the whole history of mankind. The essentials of modern psychology seem to be present, uncoordinated, in his writings.*

180 Richard Wagner, *Brief an Franz Liszt* vom 3. Oktober 1855: *Für den Gang des ganzen großen vierteiligen Dramas ist es die wichtigste Szene.* Diesem Votum muss man sich nicht unbedingt anschließen.

181 Siehe Richard Wagner, *Der Nibelungen-Mythos*, GSD II, S. 156: *Doch der Friede, durch den sie* (die Götter) *zur Herrschaft gelangten, gründet sich nicht auf Versöhnung: er ist durch Gewalt und List vollbracht. ... Aus den Tiefen Nibelheims grollt ihnen das Bewusstsein ihrer Schuld entgegen.*

beschrieb[182] – nicht von Natur aus, doch weil er sich im Geflecht der eigenen Regeln und Pläne verfing.

(Wotan.)
In eigner Fessel fing ich mich:
ich unfreiester Aller.

Brünnhilde erschrickt. So hat sie Wotan noch nie erlebt. Einfühlsam bittet sie ihn, ihr seinen Kummer anzuvertrauen.

(Brünnhilde.)
So sah ich dich nie:
was nagt dir das Herz?

Wotans erste Reaktion ist ein unsortierter Ausbruch schierer Verzweiflung.

(Wotan, den Arm erhebend.)
O heilige Schmach!
O schmählicher Harm!
Götternot! Götternot!
Endloser Grimm! Ewiger Gram!
Der Traurigste bin ich von Allen!

Brünnhilde wirft erschrocken Schild, Speer und Helm von sich *und lässt sich mit besorgter Zutraulichkeit zu Wotans Füßen nieder.*

(Brünnhilde.)
Vater! Vater!
Sage, was ist dir?
Was erschreckst du mit Sorge dein Kind?
Vertraue mir! Ich bin dir treu: sieh', Brünnhilde bittet.

Sie legt ihm *traulich und ängstlich* Kopf und Hände auf Knie und Schoß. Wotan *blickt ihr lange ins Auge* und streicht ihr zärtlich übers Haar. Er zögert, sich Brünnhilde anzuvertrauen. Der Grund seines Zögerns ist der Schlüssel zum Verständnis der weiteren Handlung: Wotan fürchtet, die Kontrolle über den eigenen Willen zu verlieren, wenn er Brünnhilde offenbart, was er denkt und fühlt. Wie *aus tiefem Sinnen zu sich kommend,* artikuliert Wotan diese Sorge *mit sehr leiser Stimme.*

---

[182] Siehe Tz 485–493, 514–517.

(Wotan.)
Lass' ich's verlauten,
lös' ich dann nicht meines Willens haltenden Haft?

Was Brünnhilde ebenfalls *sehr leise* erwidert, um Wotan zu beruhigen,

(Brünnhilde.)
Zu Wotans Willen sprichst du, sagst du mir, was du willst;
wer – bin ich, wär' ich dein Wille nicht?

sollte ihn tief beunruhigen. Denn ihre Antwort bestätigt seine Sorge: Brünnhilde ist oder versteht sich als Spiegelbild von Wotans innerem Willen. Weil das so ist, wird Brünnhilde im Zweikampf zwischen Hunding und Siegmund nachher so handeln, wie Wotan unbeeinflusst von äußeren Zwängen selbst handeln würde. Ob man in Wotan und Brünnhilde insoweit zwei symbiotisch miteinander verknüpfte Wesen oder nur zwei verschiedene Seiten Wotans – seine machtbesessene äußere Seite und seine liebevolle innere Seite – entdecken will,[183] ist weitgehend Geschmackssache.

Als könne er so die eigenen Bedenken zerstreuen, greift Wotan zu einer offenkundig untauglichen Selbsttäuschung: er erklärt seinen nachfolgenden Monolog zu einem unbelauschten Selbstgespräch (*Mit mir nur rat' ich, red' ich zu dir.*). Treffend notiert Dahlhaus: *Scheinbar ein Dialog, ist die Szene eigentlich ein Monolog; Wotan redet mit Brünnhilde, als spreche er mit sich selbst.*[184]

(Wotan.)
Was Keinem in Worten ich künde,
unausgesprochen bleib' es denn ewig:
mit mir nur rat' ich, red' ich zu dir.

Wotan eröffnet seinen Monolog mit dem Kernthema der Tetralogie – der Antinomie von Macht und Liebe. Als seine von *junger*

---

[183] Manche Autoren deuten die unterschiedlichen Charaktere im Ring als nur verschiedene Aspekte einer einzigen Person; so etwa Bryan Magee, *Wagner and Philosophy*, S. 85. Weniger radikal, jedoch auch für eine Deutung als rein inneren Konflikt Wotans: Roger Scruton, *Ring of Truth*, S. 223.

[184] Carl Dahlhaus, *Wagners Musikdramen*, S. 175.

Liebe getriebene *Lust* auf Fricka nachließ,[185] entwickelte Wotan Machtgier.[186] Von Loge verführt, wie er sich selbstverzeihend zugutehält, schuf Wotan durch angeblich *unwissenden Betrug*[187] und durch Wortbruch ein Vertragsgeflecht, das ihm bis heute Weltherrschaft gewährt. Wie seine Machtergreifung im Detail vor sich ging und welchen Preis Wotan für den Erwerb einer charakterlichen Disposition entbot, die ihn mit den Eigenschaften eines erfolgreichen Potentaten ausstattete, werden wir, weil Wotan das weder hier noch an anderer Stelle für berichtenswert hält, erst im Vorspiel der *Götterdämmerung* aus fremdem Mund, nämlich von der ersten der drei Nornen vernehmen:[188] durch einen Trank aus der Quelle der Weisheit verschob Wotan die Koordinaten seiner persönlichen Präferenzen auf Kosten der Liebe zum Vorteil der Macht. In seiner Selbstbetrachtung besonderen Wert legt Wotan darauf, dass er im Unterschied zu Alberich das, was er unter Liebe (*Minne*) versteht, seinen Machtambitionen nicht oder jedenfalls nicht vollständig untergeordnet hat.[189] Was diese Abgrenzung bedeutet und wie die Personen, denen Wotan im Laufe der Tetralogie auf und abseits der

---

185 Die Aussage lässt mehrere Deutungen zu. Wie sich das Ehepaar im *Rheingold* und der *Walküre* auf der Bühne präsentiert, haben vermutlich sowohl Wotans Zuneigung als auch sein sexuelles Interesse an Fricka nachgelassen.

186 In dieser Hinsicht sind Wotan und Alberich Spiegelbilder: Alberich opferte die Liebe zugunsten der Macht; Wotan strebt nach Macht, um seiner gescheiterten Ehe zu entkommen; siehe Alex Ross, *Welt nach Wagner*, S. 440.

187 Für Juristen ist unwissender Betrug eine der wenigen Rechtsfiguren, die – weil in sich widersprüchlich – von vornherein nicht in Frage kommen. Selbst versuchter Betrug setzt Wissen und Wollen (Täuschungsabsicht) voraus. Wer sich unwissenden Betrug zugutehält, will entweder sich selbst oder seine Zuhörer täuschen.

188 Siehe *Götterdämmerung* Tz 10–21.

189 Wotans ambivalentem Verhältnis zu Macht und Liebe begegnen wir im Ring häufiger. Man denke an Wotans Verkauf und Rückkauf von Freia; an seine Besuche Erdas, die dem Machterhalt dienen und nebenher sein Lieblingskind hervorbringen; an seine Liebe zu Siegmund und an seine mitleidlos machtsichernde Mitwirkung an dessen Tod; an Wotans lieblose Verbannung der Lieblingstochter in der Hoffnung auf eine Rettung der Götter(macht) und schließlich an Wotans Begegnung mit Siegfried, den er liebt und der ihn, weil Wotan ihn auf dem Weg zur geliebten Frau aufhält, endgültig entmachten wird. Vergleicht man Alberich und Wotan, könnte man ihre individuellen Prioritäten auf die Kurzformeln „Macht statt Liebe“ (Alberich) und „Macht über Liebe“ (Wotan) bringen; siehe dazu auch Wotans Kurzformel in Tz 588–591.

Bühne mit oft tödlichem Ausgang besondere Zuwendung widmet (hier sind etwa Siegmund und Sieglinde, Erda, Brünnhilde und Siegfried zu nennen), das Resultat dieser Zuwendung bewerten würden, würde ein eigenes Buch füllen. Hier nur in aller Kürze so viel: richtig an Wotans Eigenwahrnehmung ist, dass er sich nicht scheut, seine erotischen Neigungen mit seinen politischen Zielen und Ambitionen so zu verknüpfen, wie ihm das dienlich wirkt.[190] So gesehen klingt eher bedenklich als beruhigend, dass Wotan *in der Macht Minne begehrt* haben will.[191] Ehrlicher zu sich selbst ist Wotan auf einem Feld, das weniger Raum für Interpretationen oder Ausflüchte bietet: den Ring raubte er nach eigenem Eingeständnis, um damit Walhall zu bezahlen.[192]

(Wotan, mit stark gedämpfter Stimme.)
Als junger Liebe Lust mir verblich,
verlangte nach Macht mein Mut:
von jäher Wünsche Wüten gejagt,
gewann ich mir die Welt.

---

[190] Siehe Tz 459–461, 604–614 und *Rheingold* Tz 269–273, 277–282, 1118–1121, *Siegfried* Tz 1338–1341.

[191] Dazu pointiert André Glucksmann, *Die Meisterdenker*, S. 274f., wonach Alberichs Goldraub und dessen Ringfluch nur *Kinkerlitzchen* seien *im Vergleich zu dem allerersten Verbrechen eines Gottes, der aus dem Willen zur Macht eine nicht enden wollende Kette von Vergewaltigungen, Gesetzesübertretungen und Gewalttaten einleitete*. Anderer Ansicht und gegenüber Wotan deutlich wohlwollender: Bryan Magee, *Wagner and Philosophy*, S. 114f.: *Alberich and Wotan represent the two most familiar faces of political power, and are very much two sides of the same coin: on the one hand naked violence, administered with terror and the whip, the sort of brute force that treats other people as objects if not obstacle, ...; and on the other hand civilized order founded on the rule of law, agreements, contracts, all of which embody respect for the Other.*

[192] Diese Darstellung zeugt von einem signifikanten Lernprozess Wotans. In der vierten Szene des *Rheingold* hoffte er noch, Walhall allein mit dem Hort (ohne den Ring) bezahlen zu können. Dass er an dieser Stelle allein den Ring nennt, ohne den Hort auch nur zu erwähnen, spricht dafür, dass Wotan (allein) den Verlust des Rings unverändert bedauert. Umfassend geläuterte Reue sähe anders aus.

Unwissend trugvoll Untreue übt' ich,[193]
band durch Verträge, was Unheil barg:
listig verlockte mich Loge,
der schweifend nun verschwand.

Von der Liebe doch mocht' ich nicht lassen;
in der Macht verlangt' ich nach Minne.
Den Nacht gebar, der bange Nibelung,
Alberich, brach ihren Bund.[194]

Er fluchte der Lieb'
und gewann durch den Fluch
des Rheines glänzendes Gold,
und mit ihm maßlose Macht.

Den Ring, den er schuf, entriss ich ihm listig:
doch nicht dem Rhein gab ich ihn zurück:
mit ihm bezahlt' ich Walhalls Zinnen,
der Burg, die Riesen mir bauten, aus der ich der Welt nun gebot.

Erdas Warnung vor den verhängnisvollen Wirkungen des Rings und vor dem drohenden Untergang der Götter[195] dämpfte Wotans bis dahin unerschütterlichen Optimismus.[196] Um die Zukunft der Götter besorgt suchte und fand er Erda im *Schoß der Welt*. Durch einen Liebeszauber zwang er sie zur Auskunft und zum Sex. Von ihm *bezwungen*, wie sie sich später diskret erinnern wird,[197] gebiert Erda ihm Brünnhilde – sein, nicht ihr Wunschkind. Brünnhilde und

---

[193] Ein schöner Euphemismus: Wotan will ahnungslos betrogen haben. Das selbstverzeihende Geständnis legt Fragen nahe, die auf der Bühne leider niemand stellen wird. Eine Teilantwort auf diese Fragen gibt Wagner in seinem Prosaentwurf *Der Nibelungenmythos*, GSD II, S. 157: *In hoher Tätigkeit ordneten nun die Götter die Welt, banden die Elemente durch weise Gesetze und widmeten sich der sorgsamsten Pflege des Menschengeschlechtes. Ihre Kraft steht über Allem. Doch der Friede, durch den sie zur Herrschaft gelangten, gründet sich nicht auf Versöhnung: er ist durch Gewalt und List vollbracht.*

[194] Den (von Wotan geschätzten) Bund von Macht und Liebe.

[195] *Rheingold* Tz 1069–1073 und 1076f.

[196] Siehe einerseits *Rheingold* Tz 245–250, 281f., 297f. und andererseits Tz 1118–1121, 1125 und *Siegfried* Tz 1370–1375.

[197] Siehe dazu Erdas Darstellung von Wotans Besuchen in *Siegfried* Tz 1338–1340.

deren acht Halbschwestern[198] zeugt Wotan in einer für ihn typischen Verquickung von Macht und Liebe aus strategischen Gründen. Die Warnung Erdas vor einem *schmählichen Ende* der Götter verstand Wotan nicht als Hinweis auf denkbar eigenes Versagen, sondern als Warnung vor einer militärischen Offensive der Nibelungen. Um Walhall militärisch gegen einen solchen Überfall zu wappnen, befahl Wotan den Walküren[199] am Aufbau einer Verteidigungsarmee für Walhall mitzuwirken (Walküren-Plan).[200] Da die Götter bis auf Donner ungerne Waffen tragen oder bedienen, setzte Wotan einen Plan ins Werk, dessen Perfidie jede andere Schurkerei im *Ring* in den Schatten stellt: die von den Göttern durch strenge Gesetze und *trübe Verträge* zu blindem Gehorsam verpflichteten Helden werden von den Walküren der göttlichen Friedenspflicht zuwider *zu Sturm und Streit* in *rauhem Krieg* aufgestachelt. Die tapfersten Opfer der göttlich initiierten Kriege (*erschlagene Sieger*) werden von den Walküren auf den weltlichen Schlachtfeldern aufgelesen und als Rekruten für eine himmlische Verteidigungsarmee nach Walhall verbracht.[201]

(Wotan.)
Die alles weiß, was einstens war,
Erda, die weihlich weiseste Wala,

---

[198] Torsten Meiwald, *Randbemerkungen*, S. 193f.

[199] Brünnhilde und deren acht Halbschwestern.

[200] Torsten Meiwald, *Randbemerkungen*, S. 122f. weist zutreffend auf die Sinnlosigkeit der göttlichen Aufrüstung hin. Seit Alberich den Ring verlor, verfügt dieser über keine Armee mehr, die Walhall bedrohen könnte. Allein mit dem Ring könnte Alberich den Göttern wieder gefährlich werden. Vor dieser Gefahr schützt die Götter aber keine Armee. Wenn Wotan, wofür viel spricht, die Sicherheitslage in Tz 633–641 zutreffend einschätzt, könnte Alberich, würde er den Ring zurückgewinnen, die von den Walküren rekrutierten Helden mit dem Ring sogar zum Kampf gegen die Götter zwingen. Die militärische Aufrüstung Walhalls mit toten Kriegern ist darum, wie Wotan selbst erkannt hat, nicht nur sinnlos, sondern sogar kontraproduktiv. Allein entscheidend ist, wer den Ring besitzt. Meiwald, *Randbemerkungen*, S. 123: *Hat Alberich das Kleinod nicht, ist er ungefährlich; hat er es, ist er unbesiegbar.*

[201] Diesen Walküren-Plan übernahm Wagner aus seinen altnordischen Quelltexten. Doch versah er das literarische Vorbild mit einer ironischen Wendung: die große Schlacht fällt bei Wagner aus und Wotans (schon einmal auf weltlichen Schlachtfeldern gefallene) Helden *verrecken in der Kaserne*; so treffend Torsten Meiwald, *Randbemerkungen*, S. 121.

riet mir ab von dem Ring,
warnte vor ewigem Ende.

Von dem Ende wollt' ich mehr noch wissen;
doch schweigend entschwand mir das Weib.
Da verlor ich den leichten Mut;
zu wissen begehrt' es den Gott:

in den Schoß der Welt schwang ich mich hinab,
mit Liebeszauber zwang ich die Wala[202]*,*
stört' ihres Wissens Stolz,
dass sie Rede nun mir stand.[203]

Kunde empfing ich von ihr;
von mir doch empfing sie ein Kind:
der Welt weisestes Weib gebar mir, Brünnhilde, dich.

Mit acht Schwestern[204] *zog ich dich auf;*
durch euch Walküren wollt' ich wenden,
was mir die Wala zu fürchten schuf –
ein schmähliches Ende der Ew'gen.[205]

Dass stark zum Streit uns fände der Feind,
hieß ich euch Helden mir schaffen:

die herrisch wir sonst in Gesetzen hielten,
die Männer, denen den Mut wir gewehrt,
die durch trüber Verträge trügende Bande
zu blindem Gehorsam wir uns gebunden –

---

[202] Erda.

[203] Was sich (zumindest in Umrissen auch für die finale Textfassung der Ringdichtung) hinter diesem Bekenntnis Wotans verbirgt, ist dem *großen Prosaentwurf Die Walküre* zu entnehmen: eine Vergewaltigung mit dem Ziel, den Willen des Opfers zu brechen: *Wodan: tief in der Welt Schoos sucht' ich sie auf: zur Liebe zwang ich sie, dass ihres Wissens Stolz ich bräche.*

[204] Genau genommen sind es Halbschwestern, denn nur Brünnhilde und die drei Nornen sind Kinder Erdas.

[205] Eine schöne Paradoxie, mit der Wagner – wie überhaupt mit der Bezeichnung der Götter als *Ewige* – auf ironische Weise deren Vergänglichkeit und Hybris hervorhebt; näher dazu: Meiwald, *Randbemerkungen*, S. 149ff.

die solltet zu Sturm und Streite ihr nun stacheln,
ihre Kraft reizen zu rauhem Krieg,
dass kühner Kämpfer Scharen ich sammle in Walhalls Saal.

Brünnhilde hört ihrem Vater geduldig zu. Sie versteht nicht, was Wotan Sorge bereitet. Die Walküren haben Walhall stets bedenkenlos fleißig mit tapfer gefallenen Helden versorgt. Walhall wirkt daher militärisch bestens gerüstet.

(Brünnhilde.)
Deinen Saal füllten wir weidlich: viele schon führt' ich dir zu.
Was macht dir nun Sorge, da nie wir gesäumt?

Wotan stimmt Brünnhildes Beurteilung der militärischen Kräfteverhältnisse zu. Alberichs Heer fürchtet er nicht mehr. Sorge bereitet Wotan ein anderer und, wenn man genau hinhört, vermutlich einziger Gegenstand von Erdas Warnung: sie warnte ihn nicht vor militärischer Übermacht der Nibelungen (*Ein andres ist's, ... wess' die Wala mich gewarnt*), sondern vor dem Ring. Sollte Alberich jemals den Ring zurückgewinnen, wäre Walhall auch bei militärischer Überlegenheit verloren. Denn mit dem Ring in der Hand, warnte Erda, könnte Alberich die von den Walküren rekrutierten Schattenhelden zum Kampf gegen Götter zwingen.[206] Walhall und die Götter sind daher nicht durch Aufrüstung zu retten. Vielmehr muss der Ring gewonnen und in den Rhein zurückgegeben werden. Das wollte Wotan ursprünglich eigenhändig erledigen.[207] Dann aber ging ihm auf, dass seine Weltherrschaft auf Verträgen beruht und ein vom obersten Hüter der Verträge verübter Raub am Vertragspartner die Götterdynastie zum Einsturz bringen könnte.[208] Darum fühlt Wotan die eigenen Hände gebunden.

(Wotan.)
Ein Andres ist's: achte es wohl, wess' mich die Wala gewarnt.

Durch Alberichs Heer droht uns das Ende:
mit neidischem Grimm grollt mir der Niblung;
doch scheu' ich nun nicht seine nächtigen Scharen,
meine Helden schüfen mir Sieg.

---

[206] Näher dazu: Meiwald, *Randbemerkungen*, S. 121ff.
[207] Siehe Tz 643–646 und *Rheingold* Tz 294.
[208] So Fasolts Nachhilfe in Sachen Staatslehre in *Rheingold* Tz 320–339.

Nur wenn je den Ring zurück er gewänne –
dann wäre Walhall verloren:
der der Liebe fluchte, er allein, nützte neidisch
des Ringes Runen zu aller Edlen endloser Schmach;
der Helden Mut entwendet' er mir,
die Kühnen selber zwäng' er zum Kampf;
mit ihrer Kraft bekriegte er mich.[209]

Sorgend sann ich nun, selbst den Ring dem Feind zu entreißen.
Der Riesen einer,[210] *denen ich einst*
mit verfluchtem Gold den Fleiß vergalt,
Fafner hütet den Hort, um den er den Bruder gefällt.
Ihm müsst' ich den Reif entringen, den selbst als Zoll ich ihm zahlte.

Doch mit wem ich vertrug[211]*, ihn darf ich nicht treffen;*
machtlos vor ihm erläge mein Mut.
Das sind die Bande, die mich binden:
der durch Verträge ich Herr, den Verträgen bin ich nun Knecht.[212]

Um das beschriebene Problem im bestehenden System ohne (erkennbare) göttliche Mitwirkung am Vertragsbruch zu lösen, entwickelte Wotan seinen Wälsungen-Plan. Statt Fafner eigenhändig zu berauben, soll ein von Wotan und den Göttern unabhängiger Held den lästigen Vertragspartner beseitigen. Was sich Wotan von diesem Modell verspricht – nur eine Tarnung seiner unlauteren Absichten in den Augen Dritten oder eine innere Rechtfertigung seiner Verschwörung gegen den eigenen Vertragspartner –, behält er für sich.[213] Mehr als die moralische und rechtliche Delikatesse sei-

---

[209] Siehe dazu Alberichs Andeutung in *Rheingold* Tz 738–741, 745.

[210] Fafner.

[211] Doch mit wem ich einen Vertrag schloss.

[212] Vgl. dazu Alberichs Prognose in *Rheingold* Tz 950. Auch in dieser Hinsicht gibt es Parallelen zwischen Wotan und Alberich. Beide büßen ihre Freiheit durch die Vehikel ein, die ihnen zunächst zur Macht verhalfen: Wotan, wie er hier konstatiert, durch Verträge und Alberich, wie später Hagen zutreffend durchschauen wird, durch den Ring; siehe *Siegfried* Tz 777f., 790–797, 877f. und *Götterdämmerung* Tz 569f., 625–633.

[213] Manches spricht für eine Mixtur inkommensurabler Motive. Das persönliche Engagement, mit dem Wotan seinen Wälsungen-Plan jahrelang verfolgte, indiziert eine selbstsuggestive Wirkung seines bei Tageslicht besehen recht fadenscheinigen Vorhabens. Auch die fragile Konstruktion des Projekts spricht für eine erfolgreiche Selbsttäuschung. Dazu passt, wie schnell und geräuschlos Wotans gedankliches

nes Vorhabens macht Wotan die pragmatische Frage zu schaffen, woher er einen Helden nehmen soll, der den genannten Kriterien genügt und zugleich verspricht, das gewünschte Ergebnis herbeizuführen. Denn warum sollte ein freier Held aus eigenem Antrieb ausgerechnet tun, was Wotan will – und glaubt, selbst nicht tun zu dürfen? Und sobald Wotan, damit sein Rettungsplan gelingt, den Helden im eigenen Sinne anleitet oder lenkt, wäre dieser Held nicht mehr frei. Freiheit entsteht eben nicht oder nur sehr selten in fremder Hand. Wotan ist ob dieser Einsicht in den inneren Widerspruch seines Vorhabens verzweifelt.

(Wotan.)
Nur Einer könnte, was ich nicht darf:
ein Held, dem helfend nie ich mich neigte,
der fremd dem Gotte, frei seiner Gunst,
unbewusst, ohne Geheiß, aus eigner Not,
mit der eignen Wehr[214] *schüfe die Tat,*
die ich scheuen muss, die nie mein Rat ihm riet,
wünscht sie auch einzig mein Wunsch.

Der, entgegen dem Gott, für mich föchte,
den freundlichen Feind, wie fände ich ihn?
Wie schüf' ich den Freien, den nie ich schirmte,
der im eignen Trotze der Trauteste mir?
Wie macht' ich den Andren, der nicht mehr ich,
und aus sich wirkte, was ich nur will?

O göttliche Not! Grässliche Schmach!
Zum Ekel find' ich ewig nur mich in allem, was ich erwirke.
Das Andre, das ich ersehne, das Andre erseh' ich nie:
denn selbst muss der Freie sich schaffen –
Knechte erknet' ich mir nur.

Als Brünnhilde die Kriterien vernimmt, denen der rettende Held entsprechen müsste, denkt sie an Siegmund. Ist er nicht der freie Held, den Wotan sucht?

Kartenhaus zusammenbrach, als Fricka ihm im Streit vorhielt, Siegmund sei kein freier Held, sondern nur eine Marionette Wotans; siehe Tz 496–498 und 508–513.

[214] *Mit eigener Waffe* – das passt nicht gut auf Siegmund, der Wotans Schwert trägt; sehr wohl aber später auf Siegfried, der das Schwert in *Siegfried* Tz 555–757 eigenhändig von Grund auf neu schmieden wird.

(Brünnhilde.)
Doch der Wälsung, Siegmund?
Wirkt er nicht selbst?

Das war, wie wir wissen, Wotans Plan. Darum erzog er Siegmund zu einem Rebellen, der göttlich gesetzte Regeln und Verträge lieber bricht als befolgt. Doch seit Fricka ihm vorhielt,[215] dass Siegmunds rebellischer Charakter nur das Ergebnis Wotans eigenhändiger Erziehung ist, hat Wotan seine Selbsttäuschung durchschaut.

(Wotan.)
Wild durchschweift' ich mit ihm die Wälder;
gegen der Götter Rat reizte kühn ich ihn auf:
gegen der Götter Rache schützt ihn nun einzig das Schwert,
das seines Gottes Gunst ihm beschied.

Wie wollt' ich listig selbst mich belügen?
So leicht ja entfrug mir Fricka den Trug:
zu tiefster Scham durchschaute sie mich!
Ihrem Willen muss ich gewähren.

Brünnhildes Zwischenfrage, was diese Einsicht für den anstehenden Zweikampf Siegmunds gegen Hunding zu bedeuten hat,

(Brünnhilde.)
So nimmst du von Siegmund den Sieg?

trifft Wotan empfindlich. Denn seit seinem Gespräch mit Fricka weiß er, welche Antwort auf diese Frage allein noch passt: Siegmund wird sterben müssen. Statt sich das einzugestehen, holt Wotan, *in wilden Schmerz der Verzweiflung ausbrechend,* weit aus. Zur eigenen Entschuldigung führt er das Scheitern seines Plans monokausal auf seinen Kontakt mit dem Ring zurück. Was er sonst bei anderen Gelegenheiten zum Scheitern seines Vorhabens beigetragen hat – seinen auf Täuschung angelegten Vertrag mit den Riesen, die von Fricka aufgedeckte konstruktive Schwäche seines Plans, seine rücksichtslose Erziehung Siegmunds zu einem asozialen Einzelgänger, die riskant arrangierte nächtliche Begegnung der beiden nach Liebe hungernden Zwillinge im Haus eines lieblosen Vergewaltigers, seine alles andere als geschickte Gesprächsführung mit Fricka und nicht zuletzt sein unversiegter Machthunger –, fällt Wotan entweder nicht ein oder spricht er nicht aus. Wie ein Kind,

[215] So in Tz 496–498 und 508–513.

das noch nicht gelernt hat, eine Partie zu verlieren, erklärt Wotan unversehens zum eigenen Ziel, was er bis dahin unbedingt vermeiden wollte: das Ende der Götterherrschaft. Und für dieses Ende, gibt sich Wotan zuversichtlich, werde Alberich sorgen. Das will er einer Vorhersage Erdas entnehmen, die ihm lange rätselhaft erschien. Erda sagte ihm einmal, das Ende der Götter sei gekommen, wenn Alberich zürnend[216] einen Sohn zeuge. Da Alberich die Liebe verfluchte, hielt Wotan diese Prophezeiung für obsolet. Doch nun hörte er jüngst, dass Alberich mit Gold die Gunst einer Frau erkauft habe, die nun ein Kind von ihm erwarte. Nicht in sorgsam gereifter Überzeugung, sondern in situativer Verzweiflung[217] über das vermeintlich endgültige Scheitern seines Wälsungen-Plans (in einer *tiefen Situationsdepression*)[218] versteigt sich Wotan dazu, den Sohn seines ärgsten Widersachers zum eigenen Nachfolger zu küren und zu segnen (sogenannter „Nibelungensegen“): Hagen.

(Wotan.)

Ich berührte Alberichs Ring – gierig hielt ich das Gold.
Der Fluch, den ich floh, nicht flieht er nun mich.
Was ich liebe, muss ich verlassen,
morden, wen je ich minne!
Trügend verraten, wer mir traut!

(Wotans Gebärde geht aus dem Ausdruck des furchtbarsten Schmerzens zu dem der Verzweiflung über.)

Fahre denn hin, herrische Pracht!
Göttlichen Prunkes prahlende Schmach!
Zusammen breche, was ich gebaut.
Auf geb' ich mein Werk!
Nur Eines will ich noch: das Ende! Das Ende!

(Wotan hält sinnend ein.)

---

[216] Der Ausdruck *zürnend* weist darauf hin, dass Alberich seinen Sohn nicht in Zuneigung (Liebe), sondern aus den Motiven (Hass und Gier) zeugte, die er im Ringfluch beschrieb bzw. vorhersagte, siehe *Rheingold* Tz 943f. und *Götterdämmerung* Tz 616–623.

[217] In seinem Abschiedsgespräch von Brünnhilde (dort Tz 1340–1343) sowie im dritten Aufzug des *Siegfried* (dort Tz 1386–1390) wird Wotan klarstellen, dass der sogenannte „Nibelungen-Segen“ einem überwältigenden Anfall purer Verzweiflung geschuldet war.

[218] So treffend Udo Bermbach, *Wotan, Der Gott als Politiker* in: Bermbach, *Alles ist nach seiner Art*, S. 40.

Und für das Ende sorgt Alberich!
Jetzt versteh' ich den stummen Sinn des wilden Wortes der Wala:
„Wenn der Liebe finstrer Feind[219] *zürnend zeugt einen Sohn,*
der Sel'gen[220] *Ende säumt dann nicht."*

Vom Niblung jüngst vernahm ich die Mär,
dass ein Weib der Zwerg bewältigt, dess' Gunst Gold ihm erzwang.
Des Hasses Frucht[221] *hegt eine Frau;*
des Neides Kraft kreißt ihr im Schoß:
das Wunder gelang dem Liebelosen;[222]
doch der in Liebe ich freite, den Freien erlang' ich mir nicht.

(Mit bitt'rem Grimm sich aufrichtend.)
So nimm meinen Segen, Niblungen-Sohn!
Was tief mich ekelt, dir geb' ich's zum Erbe;
der Gottheit nichtigen Glanz, zernage ihn gierig der Neid![223]

Erschrocken fragt sich Brünnhilde, was dieser Ausbruch zu bedeuten hat. Ist Wotan im Affekt nur vorübergehend mutlos oder will er tatsächlich alles aufgeben, was sein Herz bis dahin erfüllte?[224] Und falls Wotan alles aufgeben will: welche Rolle käme ihr (als Wotans wahrem Willen) dann zu?

(Brünnhilde.)
O sag! Künde,
was soll nun dein Kind?

Wotans Antwort klingt klar und eindeutig: Brünnhilde soll für Fricka und für Hunding (*Frickas Knecht*) kämpfen und Fricka zuliebe *Ehe und Eid fromm*[225] verteidigen. Zur Erläuterung dieser Anordnung fügt Wotan hinzu, er wolle das Gleiche wie Fricka. Doch was Wotan im zweiten Teil seiner Antwort hinzufügt, zeugt von tiefer innerer Resignation und von *wütendem Ekel*.[226] Was, so fragt er

---

[219] Alberich, der die Liebe verfluchte.

[220] Die Götter.

[221] Der noch ungeborene Hagen.

[222] Alberich.

[223] Sinnfälliger Bezug auf *Rheingold* Tz 942f. sowie 1181.

[224] Die Antwort auf diese Frage wird Wotan in Tz 1340–1343 sowie in *Siegfried* Tz 1389 selbst geben.

[225] Den Ehe-Eid Sieglindes sowie den Eid, den Fricka vorhin Wotan abrang.

[226] Siehe *Siegfried* Tz 1389.

rhetorisch, nütze ihm ein eigener Wille, da er einen freien Helden nicht (sinnvoll) wollen könne? Was Wotan wirklich denkt und fühlt, verrät sein abschließender abfälliger Hinweis auf *Frickas Knechte*.

(Wotan.)
Fromm[227] *streite für Fricka, hüte ihr Eh' und Eid!*
Was sie erkor, das kiese auch ich:[228]
was frommte mir eig'ner Wille?
Einen Freien kann ich nicht wollen:
für Frickas Knechte[229] *kämpfe nun du!*

Brünnhilde wird spüren, dass sie in dem genannten Sinn zu *Frickas Knechten* zählen würde, sollte sie gehorsam befolgen, was Wotan ihr eben auftrug. Als Abbild von Wotans wahrem Willen deutet Brünnhilde – zunächst nur verhalten und in Form der Bitte, Wotan möge seinen Befehl zurücknehmen – Widerstand an. Unter Hinweis auf ihr Wissen um die eigene Rolle (als Wotan innerem Willen) kündet Brünnhilde an, was sie später gegen Wotans Befehl tun wird: Siegmund zu schützen.

(Brünnhilde.)
Weh! Nimm reuig zurück das Wort!
Du liebst Siegmund:
dir zu Lieb'- ich weiß es – schütz' ich den Wälsung.

Doch für höfliche Bitten ist Wotan kein geeigneter Adressat. Als hätte Brünnhilde seinen Befehl entweder nicht richtig verstanden oder ihren (eigentlich unmissverständlichen) Widerspruch in den Wind gesprochen, wiederholt Wotan seinen Befehl. Und mit väterlicher Fürsorge warnt er die erkorene Vollstreckerin seines Todesurteils vor Siegmunds Kraft und vor Nothung. Insbesondere diese Warnung signalisiert, dass er Brünnhildes Widerstand nicht ernst nimmt. Denn ließe Wotan den Gedanken zu, dass Brünnhilde Siegmund unterstützen will, wäre die Warnung vor dessen Kampfkraft und *Sieg-Schwert* obsolet.

---

[227] Im spöttischen Sinne: gehorsam.

[228] Was Fricka fordert, will ich (jetzt) auch.

[229] Gemeint ist damit in erster Linie Hunding. Zugleich ist dies eine distanzierte Anspielung auf Frickas Argumentation in ihrem Streitgespräch mit Wotan in Tz 514–517.

(Wotan.)
Fällen sollst du Siegmund, für Hunding erfechten den Sieg!
Hüte dich wohl und halte dich stark;
all deiner Kühnheit entbiete im Kampf:
ein Sieg-Schwert schwingt Siegmund – schwerlich fällt er dir feig!

Brünnhilde wird deutlicher und verlässt die Rolle einer Bittstellerin. Mahnend hält sie Wotan vor, dass sein von verräterischen Zwischentönen begleitetes Todesurteil seiner eigenen Lehre widerspricht, die stets lautete, Brünnhilde solle Siegmund lieben.

(Brünnhilde.)
Den du zu lieben stets mich gelehrt,
der in hehrer Tugend dem Herzen dir teuer;
gegen ihn zwingt mich nimmer dein zwiespältig Wort!

Brünnhildes pointierte Kritik an Wotans widersprüchlichem Verhalten löst einen Wutausbruch des von Gehorsam verwöhnten Obergottes aus.[230] Mit einer Wucht, die jedenfalls ihn selbst beeindrucken dürfte, beklagt Wotan, dass ausgerechnet sein vertrautestes Kind seinen Befehl verweigern wolle. Auch inmitten dieser göttlichen Wutwolke wird aufmerksames Zuhören belohnt. Denn Wagner lässt Wotan im Gewand seiner lautstarken Vorwürfe nochmals erklären, warum Brünnhilde gegenwärtig Widerstand ankündigt und später denn auch leisten wird. Ebenso wie Brünnhilde[231] hat Wotan erkannt, dass Brünnhilde seinen wahren Willen verkörpert. Wotans empörter Vorhalt, Brünnhilde missbrauche sein Vertrauen, trifft die Dinge daher – allerdings unter exakt umgekehrtem Vorzeichen – mit bemerkenswerter Präzision: nur weil Wotan seiner innig vertrauten Tochter soeben haarklein erklärte, dass und aus welchen Gründen sein Todesurteil für Siegmund dem eigenen Willen widerspricht,[232] kann und wird Brünnhilde als Abbild von Wotans innerem Willen später nicht anders handeln, als Wotan das unbeeinflusst von Frickas „Gardinenpredigt" am liebsten selbst tun würde. Nach Wagners psychologischem und dramaturgischem Konzept hat Wotan den Widerstand der vertrauten Tochter gegen das Todesurteil somit selbst verursacht.

---

[230] Siehe die verängstigten Reaktionen der Walküren auf Brünnhildes Geständnis ihres Ungehorsams in Tz 1082–1087 und 1096–1100.

[231] Siehe Tz 575f.

[232] Siehe Tz 643–657, 671–678.

Weitet man den Blick ein wenig, so ist der von Wotan als unerhörter Tabubruch empfundene Widerstand Brünnhildes ein zentraler Wendepunkt der Tetralogie. Was Brünnhilde an dieser Stelle ankündet und wenig später denn auch tun wird, wird an den vier Ring-Abenden außer ihr nur Siegmund über sich bringen: ohne Rücksicht auf eigene Interessen so zu handeln, wie es nicht fremden Befehlen oder fremdgesetzten Regeln und Gesetzen, sondern dem eigenen Lauterkeitsempfinden entspricht.[233] Brünnhildes Entscheidung und ihr selbstloser Einsatz für Siegmund lassen die Ring-Handlung „kippen“. Von dieser Brisanz spürt Wotan an dieser Stelle noch nichts. Seine (auch musikalisch) höchst eindrucksvolle Replik unterstreicht vielmehr seinen noch ungebrochen machtbesessenen Zorn. Wütend warnt er Brünnhilde, sie möge sich vor Ungehorsam hüten, denn sein Zorn könne die ganze Welt verwüsten.

(Wotan.)
Ha, Freche du!
Frevelst du mir?
Wer bist du, als meines Willens blind wählende Kür?[234]

Da mit dir ich tagte[235],
sank ich so tief, dass zum Schimpf
der eignen Geschöpfe ich ward?[236]
Kennst du, Kind, meinen Zorn?
Verzage dein Mut, wenn je zermalmend auf dich stürzte sein Strahl!

In meinem Busen berg' ich den Grimm,
der in Grauen und Wust wirft eine Welt,
die einst zur Lust mir gelacht.
Wehe dem, den er trifft!
Trauer schüf' ihm sein Trotz!

---

[233] Treffend dazu auch Torsten Meiwald, *Randbemerkungen*, S. 180: *Die männliche Logik des Machterhalts wird durch die weibliche Logik der Liebe fundamental herausgefordert.*

[234] Was bist du anderes als mein unbewusster Wille? – Das ist der Grund, warum Brünnhilde nachher tun wird, was Wotan im Innern will und nicht das, was er ihr befahl.

[235] Mit *tagte* bezieht sich Wotan auf den ersten Teil des Gesprächs, als er Brünnhilde – anfänglich noch zögernd – sein Leben und seine Pläne darlegte.

[236] Wotan hält Brünnhilde vor, sie widerspreche ihm nur, weil er sie soeben in sein Vertrauen zog.

Drum rat' ich dir, reize mich nicht!
Besorge, was ich befahl: Siegmund falle!
Dies sei der Walküre Werk!

Wotan stürmt fort und *verschwindet schnell links im Gebirge*. Brünnhilde steht lange erschrocken und *wie betäubt*. Betrübt nimmt sie ihre Waffen vom Boden auf, die ihr schwerer vorkommen als sonst.

Nach Wotans Zornausbruch fällt sie in die Rolle einer zwar tief verzweifelten, jedoch ergebenen Befehlsempfängerin zurück. Durch diesen Kunstgriff schafft Wagner Raum für die Dramaturgie der Todverkündung in der vierten Szene. Dieses Drama entfiele, wäre Brünnhilde von ihrem Widerstand gegen Wotans Befehl bereits an dieser Stelle schon so unverrückbar überzeugt, wie sie vorhin zu Wotan sprach (*gegen ihn zwingt mich nimmer dein zwiespältig Wort.*).

(Brünnhilde.)
So – sah ich Siegvater[237] *nie,*
erzürnt' ihn sonst wohl auch ein Zank.

Schwer wiegt mir der Waffen Wucht!
Wenn nach Lust ich focht, wie waren sie leicht!
Zu böser Schlacht schleich' ich heut' so bang.

(Sie sinnt vor sich hin und seufzt.)
Weh! Mein Wälsung!
Im höchsten Leid muss dich treulos die Treue[238] *verlassen.*

Brünnhilde wendet sich dem Hintergrund zu, wo sie Siegmund und Sieglinde aus der rückwärtigen Schlucht heraufsteigen sieht. Sie betrachtet die Nahenden einen Augenblick und wendet sich dann seitlich zu der Höhle, in der sie ihr Pferd Grane zurückließ. Dort entschwindet sie dem Blick der Zuschauer, kann aber die Zwillinge in der kommenden Szene unbemerkt beobachten.

---

[237] Wotan.
[238] Brünnhilde.

Über den Psychologen Wagner wäre ein Buch zu schreiben, und zwar über die psychologische Kunst des Musikers wie des Dichters.[239]

Dritte Szene

Siegmund und Sieglinde erscheinen auf dem Bergjoch. Siegmund will Sieglinde aufhalten, die voraushastet. Doch Sieglindes Unrast ist stärker als ihre Erschöpfung.

(Siegmund.)
Raste nun hier; gönne dir Ruh'!

(Sieglinde.)
Weiter! Weiter!

Siegmund *umfasst Sieglinde mit sanfter Gewalt*. Er versteht nicht, warum sie überstürzt vom Liebeslager aufsprang und seither wortlos voranhetzt. Während Siegmund auf sie einspricht, *starrt Sieglinde wild vor sich hin*.

(Siegmund.)
Nicht weiter nun!
Verweile, süßestes Weib!

Aus Wonne-Entzücken zucktest du auf,
mit jäher Hast jagtest du fort;
kaum folgt' ich der wilden Flucht:
durch Wald und Flur, über Feld und Stein,
sprachlos, schweigend sprangst du dahin,
kein Ruf hielt dich zur Rast.

Ruhe nun aus:
rede zu mir, ende des Schweigens Angst!
Sieh, dein Bruder hält seine Braut:
Siegmund ist dir Gesell!

---

[239] Thomas Mann, *Leiden und Größe Richard Wagners*, Vortrag im Jahr 1933.

Von ihr unbemerkt führt Siegmund die Gehetzte zu einem Steinsitz. Dort blickt Sieglinde *ihm mit wachsendem Entzücken in die Augen, dann umschlingt sie leidenschaftlich seinen Hals*. Kurz darauf fährt sie ohne äußeren Anlass *mit jähem Schrecken auf*. Siegmund hält sie besorgt fest. Anders als Siegmund meint, gilt Sieglindes Hast nicht Hunding. Die Quelle ihrer Unruhe ist die eigene Vergangenheit. Die erste Nacht, die Sieglinde in erfüllter Liebe mit einem Mann verbrachte, hat sie tief erschüttert. Die Situation ist paradox: nun, da sie Hunding entkommen ist, fühlt sich Sieglinde entehrt und unterwirft sich den Werten ihres Peinigers.[240] Um Siegmund vor der selbstempfundenen Schande zu bewahren, fordert Sieglinde ihn drastisch auf, *die Leiche zu verlassen,* die sich ihm *ehrlos hingab*.[241]

(Sieglinde.)
Hinweg! Hinweg!
Flieh' die Entweihte!
Unheilig umfasst dich ihr Arm;
entehrt, geschändet schwand dieser Leib:
flieh' die Leiche, lasse sie los!
Der Wind mag sie verweh'n, die ehrlos dem Edlen[242] *sich gab!*

Da er[243] *sie liebend umfing,*
da seligste Lust sie fand,
da ganz sie minnte der Mann, der ganz ihr Minne geweckt: –
vor der süßesten Wonne heiliger Weihe,
die ganz ihr Sinn und Seele durchdrang,
Grauen und Schauder ob grässlichster Schande
musste mit Schreck die Schmähliche fassen,
die je[244] *dem Manne gehorcht, der ohne Minne sie hielt!*

Lass' die Verfluchte, lass' sie dich fliehn!
Verworfen bin ich, der Würde bar:
dir reinstem Manne muss ich entrinnen;
dir Herrlichem darf ich nimmer gehören.

---

240 Harry Kupfer in Hans Mayer (Hrsg.), *Richard Wagner,* der auf S. 513 und S. 515 treffend darauf hinweist, dass Wagner die ambivalente *Sieglinde-Situation* mit Cosima selbst durchlebt habe.

241 Das ist eine Spiegelung der Rollenverteilung in Tz 41–44 sowie Tz 46–49.

242 Siegmund.

243 Siegmund.

244 Hier: bisher / lange / jahrelang.

Schande bring' ich dem Bruder,
Schmach dem freienden Freund!

Siegmund ermisst weder den Grund noch die Tiefe von Sieglindes Verzweiflung. Sein heldischer Ehrbegriff und die am Vorabend von Sieglinde noch selbst beschworene Aussicht auf erlösende Rache[245] lassen ihn hoffen, dass Sieglindes Kummer mit Hundings Tod abklingen wird. Darum will er nicht länger fliehen, sondern auf Hunding warten und Rache üben.

(Siegmund.)
Was je Schande dir schuf, das büßt nun des Frevlers Blut.
Drum fliehe nicht weiter!
Harre des Feindes;
hier soll er mir fallen:
wenn Nothung ihm das Herz zernagt,
Rache dann hast du erreicht.

Der gut gemeinte Zuspruch erreicht die Adressatin nicht. Sieglinde *schrickt auf, lauscht* und verfällt in einen nervösen Tagtraum. Während rundum Stille herrscht, meint Sieglinde, Jagdhörner, Hundings Ruf und das Geheul seiner Hundemeute zu hören. Nicht nur Siegmunds Bericht über seine gestrige Flucht vor den Hunden seiner Verfolger,[246] auch ihr stilles Wissen um Hundings übliche Jagdtaktik (*Sippen und Hunde ruft er zusammen*) bedrückt Sieglinde. *Sie lacht wie wahnsinnig* auf, *schrickt ängstlich zusammen* und verliert Siegmund aus den Augen. Wahnhaft drängt sie Siegmund, einen *Kuss des verworfenen Weibes* nicht abzuwehren. Dann spielt sich vor ihrem inneren Auge ab, was sie befürchtet: sie halluziniert, Hundings Meute habe Siegmund bei den Füßen gepackt, Nothung sei in Stücke zerbrochen und das sagenhafte Sinnbild für ewige Ordnung und Verlässlichkeit, eine Esche, stürze um.

(Sieglinde.)
Horch, die Hörner! Hörst du den Ruf?
Ringsher tönt wütend Getös';
aus Wald und Gau gellt es herauf.

Hunding erwachte aus hartem Schlaf;
Sippen und Hunde ruft er zusammen;

---

[245] Siehe Tz 254–261.

[246] Siehe Tz 32, 34f. und 159.

mutig gehetzt heult die Meute, wild bellt sie
zum Himmel um der Ehe gebrochenen Eid!

(Sie starrt wie wahnsinnig vor sich hin.)

Wo bist du, Siegmund?
Seh' ich dich noch?
Brünstig geliebter, leuchtender Bruder!
Deines Auges Stern lass noch einmal mir strahlen,
wehre dem Kuss des verworfnen Weibes nicht![247]

Horch! O horch!
Das ist Hundings Horn.
Seine Meute naht mit mächt'ger Wehr:
kein Schwert frommt vor der Hunde Schwall;
wirf es fort, Siegmund!

Siegmund – wo bist du?
Ha dort! – ich sehe dich: – schrecklich Gesicht!
Rüden fletschen die Zähne nach Fleisch;
sie achten nicht deines edlen Blicks;
bei den Füßen packt dich das feste Gebiss:
du fällst, in Stücken zerstaucht das Schwert:
die Esche stürzt – es bricht der Stamm!
Bruder! Mein Bruder!
Siegmund! Ha!

Mit einem Schrei sinkt Sieglinde ohnmächtig in Siegmunds Arme.

(Siegmund.)
Schwester! Geliebte!

---

[247] Der Ballettmeister und Hilfsregisseur zur Bayreuther Uraufführung im Jahr 1876 hielt in seinem Tagebuch eine Begebenheit fest, die Wagners unkonventionelles und für alle Beteiligten (Wagner wohl eingeschlossen) anstrengendes Gebaren beleuchtet: *Höchst interessant und komisch war es, als die Scheffksy bei den Worten: „Wehre den Kuss des verworfenen Weibes nicht" sich nicht inbrünstig genug dem Siegmund an den Hals warf. Wagner machte es ihr vor, mit einem Schlage hing der kleine Wagner an des großen Niemanns Halse, dass dieser beinahe schwankte, die Fußspitzen Wagners berührten kaum noch den Boden in diesem Momente. Er sang dazu die betreffende Stelle, riss Siegmund herum und sagte: „Hier wechselt Ihr Beide zugleich auch die Plätze."* Richard Fricke, *Bayreuther Tagebuch*, S. 103.

Besorgt lauscht Siegmund, ob Sieglinde noch lebt.[248] Als er ihren Atem vernimmt, lässt er die Ohnmächtige sanft an sich herabgleiten, so dass sie, als er sich zum Sitzen niederlässt, mit ihrem Kopf auf seinem Schoß ruht. In dieser Stellung verharren beide bis zum Schluss der folgenden Szene. Schweigend neigt sich Siegmund *mit zärtlicher Sorge über Sieglinde* und küsst ihr ausgiebig die Stirn.

[248] Das ist eine Umkehrung der Konstellation in Tz 7–10.

The implications of 'The Ring' are the precise opposite of facism: that the pursuit of power is incompatible with a life of true feeling.[249]

Vierte Szene

Die folgende Szene, die sogenannte Todverkündung, beginnt anders, als sie beginnen müsste, würde Brünnhilde stringent und ausschließlich Wotans inneren Willen verkörpern. Dann müsste die Szene so beginnen, wie sie endet: mit der Verkündung von *Segen und Sieg*[250] für Siegmund durch Brünnhilde. Zum Glück ordnet Wagner die innere Logik des Geschehens der Dramaturgie auf der Bühne unter. Die Szene beginnt, wie die zweite Szene schloss: Brünnhilde ist schweren Herzens bereit, Wotans tödlichen Befehl auszuführen. So können wir verfolgen, wie Brünnhildes anfänglicher Befehlsgehorsam unter dem Eindruck von Siegmunds unerschütterlichem Widerstand Schritt für Schritt Wotans innerem Willen weicht.

Brünnhilde schreitet, *ihr Ross am Zaume geleitend*, langsam und feierlich aus der seitlich gelegenen Höhle, in die sie sich beim Nahen der Zwillinge zurückgezogen hatte, zu Siegmund. Sie trägt Schild und Speer in der einen Hand und lehnt sich mit der anderen Hand an ihr Pferd. In dieser Haltung bleibt sie vor Siegmund stehen und betrachtet ihn während eines kurzen Orchestervorspiels *in ernstem Schweigen*. Schließlich verkündet sie ihm Wotans Todesurteil, das sie allerdings so weihevoll verbrämt, dass Siegmund, der von Walhall und Walküren erstaunlich wenig versteht und weiß, den traurigen Sinn der Botschaft nicht gleich erfasst.

(Brünnhilde.)
Siegmund!
Sieh' auf mich:
ich bin's, der bald du folgst.

Siegmund hebt den Blick und fragt die unbekannte Frau, wer sie sei. Brünnhilde erklärt nicht, wer sie ist, aber warum sie kam: ihm seinen Tod anzukünden.

---

[249] Bryan Magee, *Aspects of Wagner*, S. 44.
[250] Siehe Tz 910.

(Siegmund.)
Wer bist du, sag',
die so schön und ernst mir erscheint?

(Brünnhilde.)
Nur Todgeweihten taugt mein Anblick;
wer mich erschaut, der scheidet vom Lebens-Licht.
Auf der Walstatt[251] *allein erschein' ich Edlen:*
wer mich gewahrt, zur Wal kor ich ihn mir.[252]

Siegmund blickt Brünnhilde *lange forschend und fest in die Augen.* Nach einer Weile senkt er nachdenklich den Kopf. Schließlich wendet er sich ihr entschlossen wieder zu. Ohne die Todesnachricht zu hinterfragen, will er wissen, wohin ihn die tödliche Reise führen soll. Brünnhilde erklärt ihm, dass die Reise nach Walhall gehen werde, wo *Walvater*[253] auf ihn warte.

(Siegmund.)
Der dir nun folgt,
wohin führst du den Helden?

(Brünnhilde.)
Zu Walvater, der dich gewählt, führ' ich dich:
nach Walhall folgst du mir.

Für einen Jüngling, der in Wotans Obhut aufwuchs,[254] zeugt Siegmunds nächste Frage von verblüffender Unkenntnis der Götterwelt. Siegmund kennt weder seine göttliche Abstammung noch den richtigen Namen seines Vaters. Auf den zweiten Blick hat diese Bildungslücke System: um die auch nach seinem Verständnis verfängliche Nähe des ausersehenen Drachentöters zum göttlichen Drahtzieher des Mordanschlags am Vertragspartner zu kaschieren,[255] hat Wotan seinen Hoffnungsträger götterfern erzogen. Darum aus blanker Unkenntnis mutet Siegmunds nächste Frage blasphemisch an. Seine Erkundigung, ob er in Walhall *allein Walvater* treffen werde, hat einen ähnlich unpassenden Beiklang wie die Frage eines Rom-Pilgers, ob er im Vatikan „nur den Papst“ treffen werde.

[251] Kampfplatz.
[252] Wer mich sieht, muss sterben – daher der Name *Walküre*: die die Todgeweihten auswählt.
[253] Wotan.
[254] Siehe Tz 87–106, 113–122, 183f., 350–354, 669–674.
[255] Siehe Tz 479–483, 651–657, 671–674.

Brünnhilde übergeht die Frage elegant mit Schweigen. Ausweichend und mit vom Orchester eindrucksvoll begleitetem Pathos stellt sie Siegmund die ehrenvolle Gesellschaft gefallener Helden in Aussicht.

(Siegmund.)
In Walhalls Saal Walvater find' ich allein?

(Brünnhilde.)
Gefallner Helden hehre Schar umfängt dich
hold mit hoch-heiligem Gruß.

Doch *hochheilige* Gesellschaft im Jenseits interessiert Siegmund weniger als die familiäre Frage, ob er in Walhall seinen, wie er vermutet, verstorbenen Vater wiedertreffen wird. Dass sein Vater *Wälse* niemand anders ist als *Wotan* und *Walvater*, weiß Siegmund nicht. Brünnhilde bejaht die Frage, ohne die Wissenslücke zu schließen. Bei ihrem Ausweichmanöver wird sie bedacht haben, dass sie das von Wotan sorgsam gehütete Abstammungsgeheimnis[256] nicht lüften darf. Eher am Rande amüsant ist, wie aufmerksam und unauffällig Brünnhilde konsequent vermeidet, Siegmunds kindliche Falschbezeichnung für Wotan *Wälse* zu verwenden oder auch nur zu zitieren.

(Siegmund.)
Fänd' ich in Walhall
Wälse, den eignen Vater?

(Brünnhilde.)
Den Vater findet der Wälsung dort!

Siegmunds nächste Frage bereitet ein Missverständnis vor. Siegmund erkundigt sich, ob ihn in Walhall eine Frau begrüßen werde. Anders als die Frage (*eine Frau*) klingt, will Siegmund in Erfahrung bringen, ob ihn Sieglinde nach Walhall begleiten wird. Brünnhildes Antwort klingt wie ein Männertraum. Doch die *Wunschmädchen*, deren Gesellschaft sie in Aussicht stellt, sind die keuschen Walküren.[257] Das deuten das Orchester mit einem leisen Zitat des Walküren-Motivs und Brünnhilde mit ihrem gerne überhörten Schlussvers (*Wotans Tochter reicht dir traulich den* Trank) an.

---

[256] Siehe Tz 651–663.
[257] Siehe *Siegfried* Tz 1665–1667.

(Siegmund.)

Grüßt mich in Walhall froh eine Frau?

(Brünnhilde.)

Wunschmädchen[258] *walten dort hehr;*
Wotans Tochter[259] *reicht dir traulich den Trank!*

Brünnhildes Auskunft stellt Siegmund nicht zufrieden. Wunschmädchen interessieren ihn nicht, seine Neugier gilt einzig Sieglinde.

(Siegmund.)

Hehr bist du, und heilig gewahr' ich das Wotanskind[260]*;*
doch Eines sag' mir, du Ew'ge!
Begleitet den Bruder die bräutliche Schwester?
Umfängt Siegmund Sieglinde dort?

Als Brünnhilde verneint, weil – wie Siegmund wissen sollte – der Aufenthalt in Walhall Göttern, toten Helden und Walküren vorbehalten ist,

(Brünnhilde.)

Erdenluft muss sie noch atmen:
Sieglinde sieht Siegmund dort nicht.

neigt sich Siegmund sanft über Sieglinde und küsst sie auf die Stirn. Dann wendet er sich ruhig zu Brünnhilde. Was er ihr auf ihre enttäuschende Klarstellung in provokanter Gelassenheit mitteilt, muss auf die Göttin wirken wie ein Schlag ins Gesicht. Als wäre ihre Todverkündung eine Abendeinladung, die man annehmen oder ausschlagen kann, erklärt Siegmund, dass er Brünnhilde ohne Sieglindes Begleitung nicht nach Walhall folgen werde. In vollendeter Form, die, ohne in einen Affront abzugleiten, einen herablassenden Unterton erzeugt, rundet Siegmund seine Absage überhöflich mit der Bitte ab, Brünnhilde möge *Walhall, Wotan* und *Wälse,*[261] *alle Helden* und auch die *holden Wunsches-Mädchen* von ihm grüßen.

---

[258] (Völlig unerotische) Walküren.

[259] Brünnhilde selbst.

[260] Brünnhilde. Amüsant an dieser Anrede ist, dass Siegmund, ohne es zu wissen, selbst ebenfalls ein *Wotanskind* ist.

[261] Siegmunds Aufzählung ist eklatant fehlerhaft, weil er nicht weiß, dass *Wotan* und *Wälse* identisch sind.

(Siegmund.)

So grüße mir Walhall;
grüße mir Wotan;
grüße mir Wälse und alle Helden;
grüß' auch die holden Wunsches-Mädchen:
zu ihnen folg' ich dir nicht!

Eine derart dezidierte und zugleich gelassene Absage wird Brünnhilde kaum schon einmal empfangen haben – schon gar nicht eine Absage mit der Begründung, in Walhall sei kein Platz für die irdische Geliebte des Todeskandidaten.[262] Blickt man auf das Gesamtwerk, ist Siegmunds Absage ein leicht zu übersehender Höhepunkt der Tetralogie: durch seine Absage wächst Siegmund mit leiser Bestimmtheit zum absoluten Gegenpol Alberichs[263] heran. Während Alberich auf die empathische Seite der Liebe verzichtete, ist Empathie für Siegmund das Zentrum seines Denkens, Fühlens und Handelns. Wahre irdische Liebe schätzt er höher als himmlische Versprechen. Folgerichtig werden gleich alle Versuche Brünnhildes, Siegmund entweder mit himmlischen Versprechungen zu locken oder ihn mit empfindlichen Übeln einzuschüchtern, kläglich scheitern. Brünnhildes erster Versuch dieser Art hat zudem nur die Qualität purer Konvention.

(Brünnhilde.)

Du sahst der Walküre sehrenden Blick:
mit ihr musst du nun ziehn.

Aufgeklärt und kritisch, wie Wotan ihn erzog, entlarvt Siegmund dieses Argument als inhaltsleere Phrase: ein Blick, auch der einer Walküre, tötet nicht, hält er Brünnhilde entgegen.

(Siegmund.)

Wo Sieglinde lebt in Leid und Lust,
da will Siegmund auch säumen:
noch machte dein Blick nicht mich erbleichen;
vom Bleiben zwingt er mich nicht!

---

[262] Wagner soll dazu anlässlich der Proben zur Bayreuther Uraufführung im Jahr 1876 bemerkt haben: *dass ein Mann die höchste Ehre der Helden, nach Walhall zu kommen, nicht wollen könne, hat eine Walküre nie gehört*; Heinrich Porges, *Die Bühnenproben*, Die Walküre, S. 24.

[263] Genau genommen ebenso zum Gegenpol Wotans.

Im zweiten Anlauf wird Brünnhilde deutlicher: solange Siegmund lebt, möge er tun, was er will. Doch sie sei gekommen, ihm seinen Tod zu verkünden. Der Tod werde ihn nach Walhall zwingen.

(Brünnhilde.)
So lang' du lebst, zwäng' dich wohl nichts;
doch zwingt dich Toren der Tod:
ihn dir zu künden, kam ich her.

Auch dieses Argument beeindruckt Siegmund nicht. Höhere Mächte bedeuten ihm nichts. Solange kein Feind in Sicht ist, den er fürchten muss, mag Brünnhilde reden, was sie will.

(Siegmund.)
Wo wäre der Feind, dem heut ich fiel'?

Auch als Brünnhilde im dritten Anlauf mit Hunding droht, bleibt Siegmund gelassen. Mit Nothung in der Hand fühlt er sich Hunding klar überlegen.

(Brünnhilde.)
Hunding fällt dich im Streit.

(Siegmund.)
Mit Stärk'rem drohe als Hundings Streichen!
Lauerst du hier lüstern auf Wal,
jenen kiese zum Fang:[264]
ich denk' ihn zu fällen im Kampf.

Kopfschüttelnd klärt ihn Brünnhilde auf, dass der anstehende Zweikampf von den Göttern zu Hundings Gunsten vorentschieden wurde.

(Brünnhilde.)
Dir, Wälsung – höre mich wohl:
dir ward das Los gekiest.

Auch das erschüttert Siegmund nicht. Siegessicher und im Vertrauen auf den Vater, der ihm das Schwert bescherte, streckt er Brünnhilde Nothung entgegen.

---

[264] Lauerst du hier auf einen toten Helden, dann greife dir Hunding.

(Siegmund.)
Kennst du diess Schwert?
Der mir es schuf, beschied mir Sieg:
deinem Drohen trotz' ich mit ihm.

Nun endlich rückt Brünnhilde *mit stark erhobener Stimme* mit der ganzen Wahrheit heraus: das Todesurteil, das sie soeben verkündete, stammt vom Hersteller des Schwerts, auf das Siegmund vertraut. Dieser habe dem Schwert seine Zauberkraft genommen. Erneut vermeidet Brünnhilde jeden Hinweis darauf, dass Wotan und der väterliche Schwertschenker identisch sind.

(Brünnhilde.)
Der dir es schuf, beschied dir jetzt Tod:
seine Tugend nimmt er dem Schwert.

Doch selbst die Nachricht vom todbringenden Verrat seines Vaters bringt Siegmund nicht aus dem Gleichgewicht. Unbeirrt gilt seine erste Sorge Sieglinde. Respektlos herrscht er die Göttin an, sie möge leiser sprechen, damit Sieglinde über die Todesnachricht nicht erschrickt. Seine zweite Sorge gilt der Frage, wie Sieglinde ohne seinen Beistand in der feindlichen Welt zurechtkommen werde. Für seinen Vater, der ihn offenbar verriet, hat Siegmund nur Verachtung übrig; ab hier nennt er nicht ein einziges Mal mehr dessen Namen. Schließlich lässt er Brünnhilde wissen: wenn er denn sterben müsse, möchte er lieber zur Hölle als nach Walhall fahren.

(Siegmund.)
Schweig', und schrecke die Schlummernde nicht!

(Er beugt sich mit hervorbrechendem Schmerze zärtlich über Sieglinde.)

Weh! Weh!
Süßestes Weib, du traurigste aller Getreuen!
Gegen dich wütet in Waffen die Welt;
und ich, dem du einzig vertraut,
für den du ihr einzig getrotzt,
mit meinem Schutz nicht sollt' ich dich schirmen,
die Kühne verraten im Kampf?

Ha, Schande ihm, der das Schwert mir schuf,
beschied er mir Schimpf für Sieg!

Muss ich denn fallen, nicht fahr' ich nach Walhall:
Hella[265] *halte mich fest!*

Siegmunds Wunsch, posthum lieber zur Hölle als nach Walhall zu fahren, ist mehr als eine amüsante Pointe. Das Bonmot unterstreicht Siegmunds innere Freiheit. War solche Souveränität das Ziel, als Wotan den Jüngling *kühn gegen der Götter Rat aufreizte?*[266] Oder hat Wotan, wie plausibler wirkt, die Folgen seiner Erziehung zu autonomer Selbstbestimmung sträflich unterschätzt? Für eine väterliche Fehleinschätzung spricht, dass Siegmund gegenüber Brünnhilde weit standhafter Widerstand leistet als Wotan gegenüber Fricka.[267] Wie dem auch sei: das Ergebnis von Wotans Erziehung stellt fundamental in Frage, was Wotan mit Siegmunds Unterstützung retten wollte: die göttliche Weltherrschaft. Denn wie Siegmund seinem Todesurteil begegnet, ist er dem Einfluss der Götter vollständig entglitten. Womit könnte Brünnhilde den Höllensüchtigen noch probat locken, womit ihm probat drohen? Entsprechend ratlos gibt Brünnhilde nicht länger Antworten, sondern stellt, wie Wagners Regieanweisung vorgibt, *erschüttert* drei Fragen: Zählt für Siegmund himmlische Ewigkeit so wenig? Bedeutet ihm das schwache Weib in seinem Schoß alles? Zählt für ihn nichts anderes auf Erden als Sieglinde?

(Brünnhilde.)
So wenig achtest du ewige Wonne?
Alles wär' dir das arme Weib,
das müd' und harmvoll matt auf dem Schoße dir hängt?
Nichts sonst hieltest du hehr?

Siegmund *blickt bitter* zu Brünnhilde auf. Solche Fragen kann nach seinem Verständnis nur stellen, wer keine wahre Liebe kennt. Brünnhildes gefühlskalter Schönheit und den, wie er süffisant hinzufügt, *spröden Wonnen Walhalls,*[268] kann er nichts abgewinnen. Das Gespräch mit der für seine Begriffe herzlosen Göttin fortzusetzen, hält Siegmund für Zeitverschwendung. Fühle sie sich ihm überlegen, möge sich Brünnhilde fortscheren; erbaue sie sich an

---

[265] Göttin der Unterwelt / Hölle.

[266] Siehe Tz 672.

[267] Siehe Tz 478–524, 671–678.

[268] Siehe einerseits Tz 829–831 und andererseits Tz 745–747 sowie 763–767.

seinem Schmerz, möge sie bleiben und gaffen. Nach Walhall zieht Siegmund nichts.

(Siegmund.)
So jung und schön erschimmerst du mir:
doch wie kalt und hart erkennt dich mein Herz!
Kannst du nur höhnen, so hebe dich fort,
du arge, fühllose Maid!

Doch musst du dich weiden an meinem Weh',
mein Leid letze dich denn,
meine Not labe dein neidvolles Herz:
doch von Walhalls spröden Wonnen sprich du wahrlich mir nicht.

Mit wachsender Ergriffenheit bietet Brünnhilde dem Widerborstigen an, Sieglinde nach Siegmunds Tod zu beschützen.

(Brünnhilde.)
Ich sehe die Not, die das Herz dir zernagt;
ich fühle des Helden heiligen Harm!
Siegmund, befiehl mir dein Weib:
mein Schutz umfange sie fest!

Siegmund schlägt das gutgemeinte Hilfsangebot entschieden aus. Für ihn hat Brünnhilde nicht begriffen, worum es ihm geht. Siegmunds Fürsorge gilt nicht Sieglindes äußerer Sicherheit, sondern dem Schutz ihrer Gefühle. Lieber will er Sieglinde töten, als sie fremdem Schutz zu überlassen.

(Siegmund.)
Kein andrer als ich soll die Reine lebend berühren;
verfiel ich dem Tod, die Betäubte töt' ich zuvor!

Was in dieser Konsequenz übersteigert oder sogar widersinnig wirken mag, soll (über-)deutlich den Kontrast zwischen Siegmunds empathischem Mitgefühl und der nur auf äußere Sicherheit bedachten Fürsorge der Göttin unterstreichen. Siegmunds drakonisch anmutende Haltung war übrigens schon im Fluchtgespräch der Zwillinge angelegt. Dort hatte Siegmund der Verzweifelten[269] zugesagt, die von ihr empfundene Schande durch Hundings Tod zu rächen.[270] Wenn solche Wiedergutmachung nicht mehr möglich ist, weil die

---

[269] Siehe Tz 757–762 und 771–776.
[270] Siehe Tz 777–782.

Götter den Zweikampf anders vorentschieden haben, mag nach heldischen Maßstäben tatsächlich allein der Tod als Ausweg in Frage kommen. Das würde auch erklären, warum selbst Brünnhildes nach irdischen Maßstäben bewundernswert hellsichtig diagnostischer Hinweis, dass Sieglinde schwanger sei,

(Brünnhilde.)
Wälsung! Rasender! Hör meinen Rat:
befiehl mir dein Weib um des Pfandes willen,
das wonnig von dir es empfing![271]

Siegmund nicht umstimmen kann. Er zieht Nothung und richtet das Schwert gegen Sieglinde.

(Siegmund.)
Diess Schwert, das dem Treuen ein Trugvoller schuf;
diess Schwert, das feig vor dem Feind mich verrät:
frommt es nicht gegen den Feind,
so fromm' es denn wider den Freund!

(Er zückt das Schwert auf Sieglinde.)

Zwei Leben lachen dir hier:
nimm sie, Nothung, neidischer Stahl,
nimm sie mit einem Streich!

Siegmunds tödliche Entschlossenheit versetzt Brünnhilde in einen *heftigsten Sturm des Mitgefühls*. Sie lenkt ein und verspricht, Siegmund im Kampf gegen Hunding zu unterstützen.

(Brünnhilde.)
Halt' ein! Wälsung!
Höre mein Wort!
Sieglinde lebe, und Siegmund lebe mit ihr!

Beschlossen ist's:
das Schlachtlos wend' ich;
dir, Siegmund, schaff' ich Segen und Sieg.

(Man hört aus der Ferne Hornrufe erschallen.)

---

[271] Siehe Tz 1114–1123.

Hörst du den Ruf?
Nun rüste dich, Held!
Traue dem Schwert und schwing' es getrost:
treu hält dir die Wehr,
wie die Walküre treu dich schützt.

Leb' wohl, Siegmund, seligster Held!
Auf der Walstatt seh' ich dich wieder!

Brünnhilde stürmt fort und verschwindet mit dem Ross rechts in einer Seitenschlucht. Siegmund blickt ihr freudig und erhoben nach.

> *Was sich in Wotan abspielt, ist zugleich das Gesetz für die Entwicklung jener Figuren, die er ins Leben rief. Letztlich trägt er die Schuld an ihrem Schicksal, er ist in seinem Verlangen nach Macht die Wurzel allen Übels. Sein tragischer Widerspruch, die Gesetze erst geschaffen und sich dann durch Freias Verpfändung selbst gegen sie vergangen zu haben, lässt sein Ende ebenso zwangsläufig von Anfang an feststehen wie das jener Wesen, die er sich zu seiner Erlösung schuf.*[272]

Fünfte Szene

Während eines orchestralen Nachspiels der vierten Szene soll sich die Bühne allmählich verfinstert haben. *Schwarze Gewitterwolken senken sich auf den Hintergrund herab und hüllen die Gebirgswände, die Schlucht und das erhöhte Bergjoch nach und nach ein.* Zugleich dringen von allen Seiten erst aus der Ferne, dann immer näher, Rufe von Heerhörnern.[273] Siegmund beugt sich über Sieglinde, die sein Gespräch mit Brünnhilde verschlafen hat, und hält für möglich, dass die Todesbotin Sieglinde schonend in einen *zauberfesten Schlaf* versenkte. Er hofft, dass Sieglinde auch seinen Zweikampf mit Hunding verschlafen wird. Sanft legt er sie ab und küsst ihr die Stirn.

(Siegmund.)

Zauberfest bezähmt ein Schlaf der Holden Schmerz und Harm.
Da die Walküre zu mir trat, schuf sie ihr den wonnigen Trost?
Sollte die grimmige Wahl[274] *nicht schrecken ein gramvolles Weib?*

Leblos scheint sie, die dennoch lebt:
der Traurigen kos't ein lächelnder Traum.[275]

---

[272] Martin Gregor-Dellin, *Richard Wagner*, S. 364f.

[273] Diese Regieanweisung lässt darauf schließen, dass Sieglindes nervöse Vorahnungen in Tz 783–789 und 795–808 einen realen Hintergrund haben. Hunding ist nicht allein unterwegs, er hat seine *Sippen und Hunde* zusammengerufen. Warum Hunding die Bühne trotzdem gleich unbegleitet betreten wird, ist zwar nicht dem aktuellen Ringtext, jedoch dem *großen Prosaentwurf Die Walküre* zu entnehmen: *rings naht der Feind: allen voraus rast Hunding.*

[274] Das unbarmherzige Todesurteil.

[275] Die Traurige träumt einen tröstenden Traum.

(Neue Hornrufe.)

So schlummre nun fort,
bis die Schlacht gekämpft und Frieden dich erfreu'!

(Abermalige Hornrufe.)

Der dort mich ruft, rüste sich nun;
was ihm gebührt, biet' ich ihm:
Nothung zahl' ihm den Zoll!

Siegmund zieht sein Schwert und eilt in den Hintergrund, wo er auf dem Joch in finsterem Gewittergewölk verschwindet, aus dem alsbald Wetterleuchten aufblitzt. Kaum ist Siegmund fort, befällt Sieglinde ein Alptraum. Sie durchlebt nochmals den Brandüberfall auf ihr Elternhaus. Es ist – nur aus anderer Perspektive – der gleiche Überfall, dessen trauriges Ergebnis Siegmund am Vorabend in Hundings Haus beschrieb.[276]

(Sieglinde träumend.)
Kehrte der Vater[277] *nun heim!*
Mit dem Knaben[278] *noch weilt er im Wald.*
Mutter! Mutter! Mir bangt der Mut;
nicht freund- und friedlich scheinen die Fremden:

schwarze Dämpfe, schwüles Gedünst!
Feurige Lohe leckt schon nach uns:
es brennt das Haus! Zu Hilfe!
Bruder! Siegmund! Siegmund!

Sieglinde springt auf. Ein starker Blitz, dem ein furchtbarer Donnerschlag folgt, zuckt durch das Gewölk. Sieglinde bemerkt, dass Siegmund fehlt.

(Sieglinde.)
Siegmund! – Ha!

In steigender Angst starrt Sieglinde umher. Fast die ganze Bühne ist in schwarze Gewitterwolken gehüllt. Es blitzt und donnert in einem fort, während von allen Seiten und immer näher Hornrufe

[276] Siehe Tz 93–102.

[277] Wotan als Wälse.

[278] Siegmund.

dringen. Im Hintergrund hört man Hundings Stimme vom Bergjoch herab nach Siegmund rufen.

(Hundings Stimme.)
Wehwalt! Wehwalt!
Steh' mir zum Streit,
sollen dich Hunde nicht halten!

Zuversichtlich und gut aufgelegt antwortet Siegmund kampflustig *aus der Schlucht.*

(Siegmunds Stimme.)
Wo birgst du dich, dass ich vorbei dir schoss?
Steh', dass ich dich stelle!

Sieglinde lauscht *in furchtbarer Aufregung*, woher die Rufe der ihrem Blick entzogenen Männer kommen.

(Sieglinde.)
Hunding! Siegmund!
Könnt' ich sie sehen!

Hunding brüstet sich mit Frickas Beistand.

(Hunding.)
Hieher, du frevelnder Freier![279]
Fricka fälle dich hier!

Das trägt ihm Siegmunds Spott und die Nachricht ein, dass Siegmund das geheimnisvolle Schwert aus dem Stamm der Hausesche trägt.

(Siegmund.)
Noch wähnst du mich waffenlos, feiger Wicht?
Drohst du mit Frauen, so ficht nun selber,
sonst lässt dich Fricka im Stich!

Denn sieh, deines Hauses heimischem Stamm
entzog ich zaglos das Schwert:
seine Schneide schmecke jetzt du!

---

[279] Wortspiel mit *der Freie* und *der Freier.*

Ein Blitz erhellt für einen Augenblick das Bergjoch, auf dem man Hunding und Siegmund miteinander kämpfen sieht. Sieglinde ruft mit höchster Kraft und stürzt auf das Bergjoch zu – nicht, um den Männern Einhalt zu gebieten oder um Siegmund beizustehen. Sieglinde will zuerst sterben; weder mit Hunding[280] noch mit Siegmund[281] möchte sie weiterleben.

(Sieglinde, mit höchster Kraft.)
Haltet ein, ihr Männer!
Mordet erst mich!

Kurz bevor sie den Kampfplatz erreicht, wird Sieglinde von einem rechts über den Kämpfern ausbrechenden, hellen Lichtschein so heftig geblendet, dass sie *wie erblindet zur Seite schwankt*. Im blendenden Lichtglanz erscheint Brünnhilde, die über Siegmund schwebt und ihn mit ihrem Schild schützt. Sie ermutigt Siegmund, Nothung zu trauen.

(Brünnhildes Stimme.)
Triff ihn, Siegmund!
Traue dem Schwert!

Als Siegmund zu einem tödlichen Schwerthieb gegen Hunding ausholt, bricht von links her über Hunding ein glühend rötlicher Lichtschein durch das Gewölk. Darin erscheint Wotan, der Siegmund seinen Speer quer entgegenhält.

(Wotans Stimme.)
Zurück vor dem Speer!
In Stücken das Schwert!

Brünnhilde weicht mit ihrem Schild erschrocken vor Wotan zurück. Siegmunds Schwert zerspringt an Wotans vorgestrecktem Speer. Dem Wehrlosen stößt Hunding seinen Speer in die Brust. Tödlich getroffen stürzt Siegmund zu Boden. Sieglinde, die seinen Todesseufzer hört, sinkt mit einem Schrei wie leblos zusammen. Mit Siegmunds Sturz erlischt auf beiden Seiten der Bühne der glänzende Schein; *dichte Finsternis ruht im Gewölk auf der Bühne*. Nur undeutlich ist im Dämmerlicht zu erkennen, wie sich Brünnhilde in jäher Hast Sieglinde zuwendet und sie zur Flucht auffordert.

---

[280] Siehe Tz 254–260.

[281] Siehe Tz 757–762 und 771–776.

(Brünnhilde.)
Zu Ross, dass ich dich rette!

Brünnhilde ergreift die Bruchstücke Nothungs,[282] hebt Sieglinde schnell auf ihr Pferd und verschwindet mit ihr in raschem Ritt. Hunding zieht seinen Speer aus der Brust des Toten. Wotan steht hinter ihm auf einem Felsen und blickt, an seinen Weltenspeer gelehnt, schmerzlich auf Siegmunds Leiche. Nach kurzem Schweigen wendet er sich zu Hunding und fordert ihn auf, Fricka mitzuteilen, was diese wohl schon wissen wird.

(Wotan.)
Geh' hin, Knecht!
Kniee vor Fricka!
Meld' ihr, dass Wotans Speer gerächt, was Spott ihr schuf.

Geh'! – Geh'!

Vor einem *verächtlichen Handwink* Wotans, der neben Geringschätzung für Frickas Werkzeug wohl auch Ekel vor dem eigenen Verhalten ausdrückt, sinkt Hunding tot zu Boden. Unvermittelt fährt Wotan *in furchtbarer Wut* auf. Sein Zorn gilt Brünnhilde und ihrem Ungehorsam.

Doch Brünnhilde!
Weh' der Verbrecherin!
Furchtbar sei die Freche gestraft,
erreicht mein Ross ihre Flucht!

Unter Blitz und Donner verschwindet Wotan. Der Vorhang fällt schnell.

Anders als Wotan uns mit seinen Schlussworten nahelegen will, gilt seine Nacheile keiner *Verbrecherin.* Vielmehr erleben wir einen Gott, der auf Anraten seiner betrogenen Ehefrau zum Machterhalt den eigenen Sohn töten lässt und nach dieser Tat nichts für wichtiger hält, als strafend der Tochter nachzueilen, die es gewagt hat, sich seinem tödlichen Befehl zu widersetzen.

---

[282] Dieser wichtige Regiehinweis wurde von Wagner im Eifer des Gefechts vergessen.

Dritter Aufzug

(Auf dem Gipfel eines Felsberges)

> *Vor allem in den skandinavischen Quellen fand er jenes Handlungsgerüst und jenes ‚Personal', das ihm für den Ring tauglich schien, fand er auch jene germanischen Götter, die mit ihrem in vielerlei Hinsicht so menschlichen Wesen und Verhalten seinen weltanschaulich-politischen Überzeugungen entgegen kamen.*[283]

Erste Szene

Der dritte Aufzug der *Walküre* spielt *auf dem Gipfel eines Felsberges*, dem *Walkürenfelsen*. Diesem Ort werden wir im dritten Aufzug des *Siegfried* und in der *Götterdämmerung*[284] wieder begegnen. Inspiriert durch Landschaftseindrücke während teils abenteuerlich gewagter Bergwanderungen beschreibt Wagner die Szenerie detailliert: rechterhand soll ein Tannenwald (*Tann*) die Szene begrenzen; gegenüber befindet sich links der Eingang zu einer Felshöhle, die einen natürlichen Saal bildet. Darüber soll der Fels zu seiner höchsten Spitze ansteigen. Im Hintergrund bietet sich eine freie und weite Aussicht; höhere und niedere Felssteine markieren den Rand des rundum steil abfallenden Plateaus.[285] Kurz nachdem sich im 35. Takt des Vorspiels der Vorhang öffnet, sollen *am Felssaum einzelne Wolkenzüge wie vom Sturm getrieben vorbeijagen*. Vier der neun Walküren[286] (Gerhilde, Ortlinde, Waltraute und Schwertleite) haben sich auf der Felsspitze über der natürlichen Höhle *gelagert* und

---

283 Udo Bermbach, *Wotan, der Gott als Politiker*, in: *Alles ist nach seiner Art*, S. 30.

284 Die Nornenszene und Siegfrieds Abschied von Brünnhilde im *Vorspiel* der *Götterdämmerung* spielen dort ebenso wie die Begegnungen Brünnhildes mit ihrer Schwester Waltraute und dem als Gunther verkleideten Siegfried.

285 Als Vorbild für die szenischen Vorgaben hat Wagner wohl die Topografie des Roseg-Gletschers gedient, den er im Juli 1853 in einer verwegenen Bergtour gemeinsam mit seinem Freund George Herwegh bestieg; siehe dazu Richard Wagner, *Mein Leben*, S. 510 sowie Martin Gregor-Dellin, *Richard Wagner*, S. 374.

286 Wählerin (*Kürerin*) der Helden, die im Kampf (Wal) fallen; siehe Ernst Meinck, *Sagenwissenschaftliche Grundlagen*, S. 80f.

warten *in voller Waffenrüstung* auf ihre Schwestern. In den Sätteln ihrer Flugpferde *hängen* tote Helden. Das makabre Bild entspricht einer Anordnung Wotans. Um Walhall gegen einen in den vergangenen 20 Jahren konstant ausgebliebenen Überfall der Nibelungen zu schützen, sollen die Walküren auf irdischen Schlachtfeldern besonders tapfer gefallene Opfer (*erschlagene Sieger*) göttlich initiierter Kriege als Rekruten für eine Verteidigungsarmee Walhalls auflesen.[287] Die selbst in der Mythologie rare Konstellation, ein männlicher Anführer mit einem Gefolge von neun Damen, ist eine vom Textdichter wohl bewusst gewählte Umkehrung der in der griechischen Mythologie ins Positive überhöhten Gruppierung von Apollon mit den neun Musen.[288] Die mitreißende Walküren-Musik verstellt leicht – soll man das bedauern oder Wagner zu seinem doppelten Geniestreich gratulieren? – den Blick auf die Schattenseite der populären Parodie, die die Exzesse weltlicher Machtausübung bis zur Grenze des Erträglichen ausleuchtet.

Die jovialen Gespräche der befehlskonform militant gestimmten Wotanstöchter[289] kreist unter lebhaftem *Hojotoho* und *Heiaha* in amüsant frivoler Abwechslung um vitale Pferdeangelegenheiten[290]

---

[287] Siehe Tz 615–630 und 635. Im sogenannten Jahrhundertring (Bayreuth 1976) wurde die bizarre Szene auf einen Friedhof verlegt. Der Bühnenbildner Richard Peduzzi erläutert diese Entscheidung in Chéreau, *Der Ring 1976–1980*, S. 102 wie folgt: *Ich konnte mir keinen besseren Platz vorstellen, in dem diese Raubvögel leben könnten, deren merkwürdige Mission es war, auf den Wolken zu den Schlachtfeldern zu reiten, wo sie Helden aufgestachelt hatten, sich gegenseitig umzubringen, um dann die Leichen auf ihren Pferden nach Walhall zu bringen, wo sie die erwünschte Superarmee für Wotan bilden würden, um die Götter zu verteidigen.*

[288] Hinweis von Jörg Königsdorf, Deutsche Oper Berlin, im Rahmen einer mündlichen Einführung zur *Walküre* am 10. November 2021. Dieser Gedanke hat insoweit viel für sich, als Wagner in Apollon, dem Gott des Lichts und der Künste, insbesondere der Musik, der Dichtkunst und des Gesangs, den *eigentlichen Haupt- und Nationalgott* der Griechen zu erkennen glaubte; Richard Wagner, *Die Kunst und die Revolution*, GSD Band III, S. 10f. und S. 41. Klammert man Wotan aus, entspricht die Zahl der Walküren – vielleicht ebenfalls nicht zufällig – auch der Anzahl der Hälse der Hydra.

[289] Die Darstellerinnen der Bayreuther Uraufführung soll Wagner angewiesen haben: *Wer etwas zu sagen hat, tritt recht resolut in den Vordergrund!*; Heinrich Porges, *Die Bühnenproben*, Die Walküre, S. 29.

[290] Siehe Tz 982.

und tote Krieger.[291] In einem vorbeiziehenden *Gewölk bricht Blitzesglanz aus.* Darin erkennt man eine Walküre auf ihrem fliegenden Pferd, in dessen Sattel ein erschlagener Krieger hängt. Es ist Helmwige, die ihre Schwestern schon von weitem grüßt.

(Gerhilde.)[292]
Hojotoho! Hojotoho!
Heiaha! Heiaha!
Helmwige![293] *Hier!*
Hieher mit dem Ross!

(Helmwiges Stimme, im Hintergrund.)
Hojotoho! Hojotoho!
Heiaha!

(Gerhilde, Waltraute und Schwertleite.)
Heiaha! Heiaha!

Die Wolke mit Helmwige verschwindet rechts hinter dem *Tann.* Ortlinde ruft Helmwige zu, sie möge ihren Hengst neben die eigene Stute stellen, weil die Tiere gerne miteinander grasen. Ebenfalls in den *Tann* rufend erkundigt sich Waltraute, welchen toten Helden Helmwige im Sattel führt.

(Ortlinde[294], in den Tann rufend.)
Zu Ortlindes Stute stell' deinen Hengst:
mit meiner Grauen grast gern dein Brauner!

(Waltraute,[295] ebenso.)
Wer hängt dir im Sattel?

(Helmwige, aus dem Tann auftretend.)
Sintolt, der Hegeling!*

Als Schwertleite den Namen des toten Helden vernimmt, empfiehlt sie, die beiden Pferde zu trennen. Denn die toten Helden in

---

[291] Die Namen der gefallenen Helden tragen in der nachstehenden Textwiedergabe abweichend vom Originaltext jeweils einen Stern: *.

[292] Speerkämpferin.

[293] Schützerin im Kampf.

[294] Schildkämpferin.

[295] Bergerin der Gefallenen.

den Sätteln der benachbarten Walkürenrosse waren zu Lebzeiten verfeindet.

(Schwertleite[296].)
Führ' deinen Braunen fort von der Grauen:
*Ortlindes Mähre trägt Wittig**, *den Irming!*

(Gerhilde.)
*Als Feinde nur sah ich Sintolt** *und Wittig**.

Besorgt und mit einer schlüpfrig doppeldeutigen Bemerkung auf den Lippen[297] läuft Ortlinde unter dem Gelächter ihrer Schwestern in den *Tann*, um die Pferde zu trennen, die die Feindschaft der toten Helden tatsächlich gegeneinander aufbringt.

(Ortlinde.)
Heiaha! Heiaha!
Die Stute stößt mir der Hengst!

(Gerhilde, Helmwige, Schwertleite.)
Hahahahaha
Hahahahaha!

(Gerhilde.)
Der Recken Zwist entzweit noch die Rosse!

(Helmwige, in den Tann rufend.)
Ruhig, Brauner!
Brich nicht den Frieden!

Waltraute hat auf der äußersten Felsspitze für Gerhilde die Wacht übernommen. Dort entdeckt sie, wie Siegrune in einer blitzenden Wolke mit ihrem fliegenden Pferd und ebenfalls einem erschlagenen Krieger im Sattel das Felsplateau erreicht.

(Waltraute.)
Hojoho! Hojoho!
Siegrune[298], *hier!*
Wo säumst du so lang?

---

[296] Schwertkämpferin.

[297] *Stoßen* bedeutet weidmännisch auch begatten; so auch: Nikolaus Lehnhoff im Gespräch mit Volker Mertens, ders. *Der Ring*, S. 204.

[298] Sieg-Raunerin.

(Siegrunes Stimme aus dem rechten Hintergund.)
Arbeit gab's!
Sind die Andren schon da?

(Die Walküren.)
Hojotoho! Hojotoho!
Heiaha! Heiaha!

Siegrune verschwindet mit ihrem fliegenden Pferd hinter dem *Tann*. Zugleich hört man aus der Tiefe die Stimmen zweier weiterer Walküren. Es sind Grimgerde und Rossweiße, die auf ihren Pferden in einem von Blitzen hell erleuchteten Wolkenzug aus der Tiefe emporsteigen und ebenfalls hinter dem *Tann* verschwinden. Auch sie tragen jeweils einen erschlagenen Krieger in den Sätteln ihrer Pferde. Helmwige und Ortlinde, Gerhilde und Waltraute, Siegrune und Schwertleite begrüßen die Ankömmlinge.

(Grimgerde und Rossweiße.)
Hojotoho! Hojotoho!
Heiaha!

(Waltraute.)
Grimgerd'[299] *und Rossweiße*[300]*!*

(Gerhilde.)
Sie reiten zu zwei.

(Helmwige, Ortlinde und Siegrune.)
Gegrüßt, ihr Reisige!
Rossweiß' und Grimgerde!

(Grimgerde und Rossweiße.)
Hojotoho! Hojotoho!
Heiaha!

(Die sechs schon angekommenen Walküren.)
Hojotoho! Hojotoho!
Heiaha! Heiaha!
...

---

299 Die im Helm Waltende.
300 Rossführerin.

Gerhilde rät den Nachzüglerinnen, ihre Pferde im *Tann* grasen und ruhen zu lassen. Fürsorglich empfiehlt ihre Schwester Ortlinde, die Pferde voneinander zu trennen, bis der wechselseitige Hass der toten Helden vollständig abgeklungen sei. Während ihre Schwestern laut lachen, erläutert Gerhilde den Nachzüglerinnen, dass Ortlindes Pferd (*die Graue*) den posthum nachwirkenden Hass der toten Helden schon zu spüren bekommen habe.

(Gerhilde, in den Tann rufend.)
In Wald mit den Rossen – zu Rast und Weid'!

(Ortlinde, ebenso.)
Führt die Mähren fern voneinander,
bis unsrer Helden Hass sich gelegt!

(Waltraute, Schwertleite, Gerhilde und Siegrune.)
Hahahahaha Hahahahaha!
Hahahahaha Hahahahaha!

(Helmwige.)
Der Helden Grimm büßte schon die Graue!

(Waltraute, Schwertleite, Helmwige, Gerhilde und Ortlinde.)
Hahahahaha Hahahahaha!
Hahahahaha Hahahahaha!
...

(Rossweiße und Grimgerde.)
Hojotoho! Hojotoho!

Grimgerde und Rossweiße treten aus dem *Tann* und erklären ihren neugierigen (oder eifersüchtigen?) Schwestern, dass sie getrennt auf Heldenjagd ritten und erst auf dem Rückweg zusammentrafen.

(Die sechs schon angekommenen Walküren.)
Willkommen! Willkommen!

(Alle acht Walküren.)
Willkommen!

(Schwertleite.)
Wart ihr Kühnen zu zwei?

(Grimgerde.)
Getrennt ritten wir,
und trafen uns heut'.

Rossweiße resümiert das verbleibende Tagespensum: gemeinsam will man die Beute nach Walhall zu Wotan bringen.

(Rossweiße.)
Sind wir alle versammelt,
so säumt nicht lange:
nach Walhall brechen wir auf,
Wotan zu bringen die Wal.[301]

Da fällt Helmwige auf, dass eine Schwester noch fehlt. Offenbar in Wotans ursprünglichen Tagesplan eingeweiht, vermutet Gerhilde, dass Brünnhilde bei Siegmund aufgehalten wurde. Ohne Aussprache sind sich die acht Schwestern einig, dass es heißt, auf Brünnhilde zu warten. Denn Wotan wäre ärgerlich, träten sie ohne sein Lieblingskind unter seine Augen.

(Helmwige.)
Acht sind wir erst: eine noch fehlt!

(Gerhilde.)
Bei dem braunen Wälsung[302] *weilt wohl noch Brünnhild'.*

(Waltraute.)
Auf sie noch harren müssen wir hier:
Walvater[303] *gäb' uns grimmigen Gruß,*
säh' ohne sie er uns nahn!

In diesem Augenblick entdeckt Siegrune, die auf der Felsenspitze Ausschau hält, wie Brünnhilde auf ihrem Luftross in wildem Ritt heranjagt. Neugierig eilen alle Walküren zur Felsenspitze und wundern sich über die Hast ihrer starken Schwester. Noch nie sahen sie eine Walküre derart hetzen, geschweige denn Brünnhildes ungewöhnlich starkes Pferd (*Grane*) taumeln.

---

[301] Die Beute, also die toten Helden.

[302] Das ist wohl eine Anspielung auf Siegmunds Jugend in Wotans (als Wolf verkleideter) Begleitung.

[303] Wotan; wörtlich: Vater der Gefallenen.

(Siegrune.)
Hojotoho! Hojotoho!

(In den Hintergrund rufend.)
Hieher! Hieher!

(Zu den anderen Walküren.)
In brünstigem Ritt jagt Brünnhilde her!

(Die Walküren, oben auf der Warte.)
Hojotoho! Hojotoho! Hojotoho!
Hojotoho! Hojotoho! Hojotoho!
Brünnhilde, hei!

Die Walküren *spähen mit wachsender Verwunderung* nach Brünnhilde.

(Waltraute.)
Nach dem Tann lenkt sie das taumelnde Ross.

(Grimgerde.)
Wie schnaubt Grane vom schnellen Ritt!

(Rossweiße.)
So jach[304] *sah ich nie Walküren jagen!*

Die Verwunderung nimmt zu, als die Walküren entdecken, dass Brünnhilde statt eines toten Helden eine lebende Frau im Sattel führt.

(Ortlinde.)
Wen hält sie im Sattel?

(Helmwige.)
Das ist kein Held!

(Siegrune.)
Eine Frau führt sie!

(Gerhilde.)
Wie fand sie die Frau?

---

304 Schnell, gehetzt.

Befremdlich grußlos eilt Brünnhilde an ihren Schwestern vorbei in den *Tann*.

(Schwertleite.)
Mit keinem Gruß grüßt sie die Schwestern!

(Waltraute.)
Heiaha!
Brünnhilde, hörst du uns nicht?

(Ortlinde.)
Helft der Schwester vom Ross sich schwingen!

Gerhilde und Helmwige stürzen hilfsbereit zu Brünnhilde. Als die Walküren sehen, wie Grane zu Boden stürzt und Brünnhilde die unbekannte Frau aus dem Sattel hebt, eilen ihr alle Walküren zu Hilfe.

(Die acht Walküren im Wechsel.)
Hojotoho! Hojotoho! Heiaho!
Hojotoho! Hojotoho! Heiaha!

(Waltraute.)
Zu Grunde stürzt Grane, der starke!

(Grimgerde.)
Aus dem Sattel hebt sie hastig das Weib!

(Alle in den Tann laufend.)
Schwester! Schwester!
Was ist geschehn?

Alle Walküren kehren auf die Bühne zurück; mit ihnen kommt Brünnhilde, die Sieglinde stützend am Arm führt. Brünnhildes erste und atemlose Worte steigern die Verwunderung ihrer Schwestern: sie, die erklärte Lieblingstochter Wotans,[305] die noch nie vor einem Feind floh, ist zum ersten Mal in ihrem Leben auf der Flucht – und das vor Wotan.

(Brünnhilde, atemlos.)
Schützt mich, und helft in höchster Not!

---

[305] Siehe Tz 1025–1027, 1284–1287, 1419–1427, 1435–1441.

(Die Walküren, durcheinander.)
Wo rittest du her in rasender Hast?
Woher in rasender Hast?
So fliegt nur, wer auf der Flucht!
Bist du in Flucht?

(Brünnhilde.)
Zum ersten Male flieh' ich und bin verfolgt:
Heervater[306] *hetzt mir nach!*

(Alle Walküren heftig erschreckend und durcheinander.)
Bist du von Sinnen? / Ha! Sprich!
Sage uns! Wie? / Verfolgt dich Heervater?
Fliehst du vor ihm? / Sag!

Brünnhilde späht ängstlich umher und kehrt zu ihren Schwestern zurück.

(Brünnhilde.)
O Schwestern, späht von des Felsens Spitze:
schaut nach Norden, ob Walvater naht?
Schnell! Seht ihr ihn schon?

Ortlinde und Waltraute springen auf die Felsspitze. Dort beobachten sie, wie sich im Norden – der Himmelsrichtung, die in Wagners Quelltexten bevorzugt für Böses steht – eine verdächtig starke Gewitterwolke zusammenbraut.

(Ortlinde.)
Gewittersturm weht von Norden!

(Waltraute.)
Starkes Gewölk staut sich dort auf!

(Sechs Walküren.)
Heervater reitet sein heiliges Ross!

Brünnhilde bittet ihre Schwestern um Schutz vor Wotan – für sich selbst und für Sieglinde. Eilig und in gedrängter Kürze erklärt sie ihren Schwestern den Grund ihrer Flucht: Wotans Zorn über ihre Befehlsverweigerung im Zweikampf zwischen Hunding und Siegmund.

---

[306] Wotan.

(Brünnhilde.)
Der wilde Jäger, der wütend mich jagt,
er naht, er naht von Norden!
Schützt mich, Schwestern!
Wahret diess Weib!

(Sechs Walküren.)
Was ist, was ist mit dem Weibe?

(Brünnhilde.).
Hört mich in Eile:
Sieglinde ist es, Siegmunds Schwester und Braut:
gegen die Wälsungen wütet Wotan in Grimm;
dem Bruder sollte Brünnhilde heut' entziehen den Sieg;
doch Siegmund schützt' ich mit meinem Schild, trotzend dem Gott:
der traf ihn da selbst mit dem Speer:[307]

Siegmund fiel;
doch ich floh fern mit der Frau:
sie zu retten, eilt' ich zu euch,
ob mich Bange auch ihr berget vor dem strafenden Streich!

Die militanten Walküren zögern. *In größter Bestürzung* wollen sie ein zweites Mal hören, was Brünnhilde ihnen soeben schon sagte: sie verstieß gegen Wotans *heiliges Gebot*, Befehle aus seinem Mund strikt und ohne eigenes Nachdenken zu befolgen.

(Die Walküren.)
Betörte Schwester!
Was tatest du?
Wehe! Wehe!
Brünnhilde, wehe!
Brach ungehorsam Brünnhilde .. / Brachst du ..
Heervaters heilig Gebot?

Derweil beobachten die Walküren auf dem Wachposten, wie die dunkle Wolke aus Norden mit rasender Geschwindigkeit herannaht.

---

[307] Das stimmt nicht ganz. Wotans Speer traf nicht Siegmund, sondern dessen Schwert. Der tödliche Speerstoß (in manchen Textausgaben: Schwertstreich) stammte laut Regieanweisung nach Tz 957 von Hunding.

(Waltraute.)
Nächtig zieht es von Norden heran.

(Ortlinde.)
Wütend steuert hieher der Sturm!

(Die Walküren, dem Hintergrund zugewandt.)
Wild wiehert Walvaters Ross!
Schrecklich schnaubt es daher!

Da keine ihrer Schwestern bereit wirkt, Sieglinde auf ihrem fliegenden Pferd vor Wotan zu retten, bittet Brünnhilde ihre Schwestern, Sieglinde wenigstens das gefügigste der Flugpferde auszuleihen.

(Brünnhilde.)
Wehe der Armen, wenn Wotan sie trifft:
den Wälsungen allen droht er Verderben!
Wer leiht mir von euch das leichteste Ross,
das flink die Frau ihm entführ'?

Doch nicht einmal das möchte eine ihrer Schwestern wagen. Statt auf Unterstützung stößt Brünnhilde einhellig auf Gegenwehr. Selbst als sie sechs ihrer Schwestern namentlich anspricht, erntet sie reihum nur Ausflüchte oder vielsagendes Schweigen.

(Siegrune.)
Auch uns rätst du rasenden Trotz?

(Brünnhilde.)
Rossweiße, Schwester, leih' mir deinen Renner!

(Rossweiße.)
Vor Walvater floh der Fliegende nie!

(Brünnhilde.)
Helmwige, höre!

(Helmwige.)
Dem Vater gehorch' ich!

(Brünnhilde.)
Grimgerde! Gerhilde!
Gönnt mir eu'r Ross!
Schwertleite! Siegrune!
Seht meine Angst!

O seid mir treu, wie traut ich euch war:
rettet diess traurige Weib!

Als Brünnhilde Sieglinde lebhaft wie zu ihrem Schutz umfasst, fährt Sieglinde, die bis dahin *finster und kalt vor sich hingestarrt* hat, mit einer abwehrenden Gebärde auf und erklärt ihrer Patronin, dass sie gar nicht fliehen will. Am liebsten wäre sie gemeinsam mit Siegmund gestorben. Die ihr ungefragt aufgezwungene Flucht will sie Brünnhilde nur verzeihen, wenn diese sie auf der Stelle tötet.

(Sieglinde.)
Nicht sehre dich Sorge um mich:
einzig taugt mir der Tod!
Wer hieß dich Maid, dem Harst[308] *mich entführen?*

Im Sturm dort hätt' ich den Streich empfah'n
von derselben Waffe, der Siegmund fiel;
das Ende fand ich vereint mit ihm!
Fern von Siegmund – Siegmund, von dir!

O deckte mich Tod, dass ich's denke![309]
Soll um die Flucht dir Maid ich nicht fluchen,
so erhöre heilig mein Flehen: –
stoße dein Schwert mir ins Herz!

An diesem Punkt bewährt sich Brünnhildes göttliches Vielwissen. Sie klärt Sieglinde über die in der vergangenen Nacht erworbene Schwangerschaft auf.

(Brünnhilde.)
Lebe, o Weib, um der Liebe willen!
Rette das Pfand, das von ihm du empfingst:
ein Wälsung wächst dir im Schoß!

Nach kurzem Schrecken bricht die werdende Mutter *in erhabene Freude* aus. So entschieden Sieglinde eben noch sterben wollte, so entschieden will sie nun gerettet werden.[310]

---

308 Streitplatz Hundings mit Siegmund.

309 Wäre ich nur tot, dass ich so Trauriges nicht denken muss!

310 Nach Heinrich Porges, *Die Bühnenproben,* Die Walküre, S. 30, meinte Wagner, dass *es Sieglinde hier überkomme, dass sie zur Erfüllung eines ungeheuren Schicksals auserkoren sei.*

(Sieglinde.)
Rette mich, Kühne!
Rette mein Kind!
Schirmt mich, ihr Mädchen, mit mächtigstem Schutz!

Ein furchtbares Gewitter, aus dem vernehmlich Donner grollt, zieht im Hintergrund auf. Verängstigt plädieren bis auf Brünnhilde alle Walküren für eine einsame Flucht der Schwangeren.

(Waltraute, von der Warte.)
Der Sturm kommt heran!

(Ortlinde, ebenso.)
Flieh', wer ihn fürchtet!

(Die anderen Walküren durcheinander.)
Fort mit dem Weibe, droht ihm Gefahr!
Der Walküren keine wag' ihren Schutz!

Auf Knien fleht Sieglinde vor Brünnhilde um Rettung.

(Sieglinde.)
Rette mich, Maid!
Rette die Mutter!

Brünnhilde rät ihr, *eilig und allein* zu fliehen. Sie will Wotan aufhalten, um Sieglinde einen Vorsprung zu verschaffen.

(Brünnhilde.)
So fliehe denn eilig, und fliehe allein!
Ich – bleibe zurück, biete mich Wotans Rache:
an mir zögr' ich den Zürnenden hier,
während du seinem Rasen entrinnst.

Als Sieglinde wissen will, wohin sie ihren Schritt am besten lenken sollte, denkt Brünnhilde instinktiv an ein Fluchtziel im Osten – nicht nur in nordischen Sagen das Sinnbild für einen Neuanfang. Doch das Echo ihrer Schwestern auf den fragend vorgetragenen Vorschlag ist verhalten. Im Osten, so wissen mehrere Walküren, erstreckt sich ein Wald, der nicht geheuer ist, weil der gefürchtete Drache Fafner dort haust. Eben an diesem Ort, gibt Brünnhilde zu bedenken, wäre Sieglinde in Sicherheit. Denn Wotan scheut diesen Wald. Über den Grund dieser Ortsscheu sind die Meinungen der Ring-Experten geteilt. Dass zu Wotans Zeiten Drachen als Götterfeinde galten,[311] mag zutreffen, erklärt heutigen Zuhörern aber wenig, zumal Wotan im *Siegfried* die Drachenhöhle aus freien Stücken aufsuchen und sich mit dem Drachen sogar einen Scherz erlauben wird.[312] Näher als göttliche Drachenangst liegt, dass Wotan nach Wagners Vorstellung die Nähe des Drachen meidet, weil sein Wälsungen-Plan auf Fafners Tod setzt, den Wotan nach eigenem Verständnis weder wünschen noch eigenhändig herbeiführen darf.[313]

(Sieglinde.)
Wohin soll ich mich wenden?

(Brünnhilde.)
Wer von euch Schwestern schweifte nach Osten?

(Siegrune.)
Nach Osten weithin dehnt sich ein Wald:
der Niblungen Hort entführte Fafner dorthin.

(Schwertleite.)
Wurmes Gestalt schuf sich der Wilde,
in einer Höhle hütet er Alberichs Reif.

(Grimgerde.)
Nicht geheu'r ist's dort für ein hülflos Weib.

(Brünnhilde.)
Und doch, vor Wotans Wut schützt sie sicher der Wald;
ihn scheut der Mächt'ge und meidet den Ort.

Die Zeit drängt, denn Wotan naht.

(Waltraute, von der Warte.)
Furchtbar fährt dort Wotan zum Fels!

(Sechs Walküren.)
Brünnhilde! Hör' seines Nahens Gebraus'!

Eilig weist Brünnhilde der Schwangeren die empfohlene Fluchtrichtung. Dann gibt sie ihr viererlei mit auf den Weg: Ermutigen-

---

[311] So ein vom seinerzeitigen (1892) Vorverständnis der Bedeutung der Quelltexte Wagners motivierter Hinweis bei Ernst Meinck, *Sagenwissenschaftliche Grundlagen,* S. 220.

[312] Siehe *Siegfried* Tz 842–868.

[313] Siehe Tz 479–483.

den Zuspruch; das Versprechen, den edelsten Helden der Welt im Schoß zu tragen; die Bruchstücke Nothungs und den Namen des ungeborenen Kindes. Mit der Namensgebung vollzieht Brünnhilde das gleiche Ritual wie Sieglinde im ersten Aufzug an Siegmund. Auch diesmal ist der Name Programm: Siegfried soll sich *des Siegs erfreuen*.

(Brünnhilde.)

Fort denn eile, nach Osten gewandt!
Mutigen Trotzes ertrag alle Müh'n;
Hunger und Durst, Dorn und Gestein;
lache, ob Not ob Leiden dich nagt;

denn eines wiss' und wahr' es immer:
den hehrsten Helden der Welt
hegst du, o Weib, im schirmenden Schoß.[314]

(Sie überreicht Sieglinde die Stücke von Siegmunds Schwert.)

Verwahr' ihm die starken Schwertes-Stücken;
seines Vaters Walstatt entführt' ich sie glücklich:
der neu gefügt das Schwert einst schwingt,
den Namen nehm' er von mir: – Siegfried erfreu' sich des Siegs![315]

Sieglindes Dank an Brünnhilde ist in Text und Musik ein Kleinod. Den ersten Teil der Dankesworte begleitet das Orchester mit dem betörenden Motiv (*Erlösungs*-Motiv), das im Finale der *Götterdämmerung* den ganzen Zyklus beschließen wird. Der zweite Teil von Sieglindes Dank verbindet kunstvoll in nur 15 Worten auf drei Zeitebenen einen wehmütigen Rückblick auf Siegmund (Vergangenheit) mit Sieglindes Freude über die Rettung des ungeborenen

---

[314] In Siegfrieds Entstehung durch einen Inzest von Zwillingen stecken nach alter Überlieferung namentlich zwei Motive: zunächst die uns eher befremdliche Vorstellung *der schlackenlosen Filterung des edelsten Blutes, der reinsten Zucht durch Inzucht* (siehe dazu Peter Wapnewski in: Müller/Wapnewski (Hrsg.), *Wagner Handbuch*, S. 289); zum anderen der Ursprung des *herrlichsten Helden der Welt* aus einer Verbindung, die in nur einem Akt zugleich gegen mehrere bürgerliche Konventionen verstößt; näher dazu: Torsten Meiwald, *Randbemerkungen*, S. 64ff. Die Reaktionen von Wagners Zeitgenossen waren geteilt. Karl Marx etwa soll Anstoß daran genommen haben, dass Wagner den Inzest entgegen der Überlieferung als Verstoß gegen Recht und Ordnung präsentierte; siehe Herfried Münkler, *Marx, Wagner, Nietzsche*, S. 33f.

[315] Laut Wagner ist damit gemeint: *Der durch Sieg Friede bringt*.

Kindes (Gegenwart) und einer hoffnungsvollen Vorausschau auf Brünnhildes künftige Erweckung durch Siegfried (Zukunft). Letzteres ist ein zukünftiges Ereignis, das zwar der Textdichter und Ringliebhaber kennen, die beiden Damen auf der Bühne an dieser Stelle aber nicht einmal in Umrissen erahnen können. Denn zwei grundlegende Voraussetzungen dieser künftigen Entwicklung kennen Sieglinde und Brünnhilde noch nicht: die unverhofft drakonische Verbannung, die Wotan erst in der kommenden Szene gegen Brünnhilde verhängen wird, sowie die erst in der übernächsten Szene aus Brünnhildes Widerstand erwachsende Anordnung Wotans, dass einzig Siegfried die Verbannte zukünftig wird erreichen und erwecken können.

(Sieglinde, in größter Rührung.)
O hehrstes Wunder, herrliche Maid![316]
Dir Treuen dank' ich heiligen Trost!

Für ihn, den wir liebten[317],
rett' ich das Liebste:[318]
meines Dankes Lohn[319] *lache dir einst!*[320]

Lebe wohl!
Dich segnet Sieglindes Weh'!

Während Sieglinde im Vordergrund *nach rechts*[321] davoneilt, wird die Felsenhöhe von schwarzen Gewitterwolken umlagert. Ein *furchtbarer Sturm braust aus dem Hintergrund* heran und *wachsender Feuerschein* erhellt den Tannenwald. Zwischen Donnerschlägen hört man Wotans Ruf.

(Wotans Stimme.)
Steh'! Brünnhild'!

---

316 Siehe auch Tz 1419.

317 Siegmund: Brünnhilde und Sieglinde liebten ihn beide schwesterlich, Sieglinde auch bräutlich.

318 Den ungeborenen Siegfried.

319 Der eines Tages herangewachsene Siegfried.

320 Im 3. Aufzug des *Siegfried* wird dieser Brünnhilde in Liebe lachend begegnen; siehe *Siegfried* Tz 1762–1768, 1776–1779, 1784–1792.

321 Das entspricht auf der Bühne im Bayreuther Festspielhaus der von Brünnhilde empfohlenen Fluchtrichtung gen Osten; siehe den betreffenden Hinweis bei Torsten Meiwald, *Randbemerkungen,* S. 93.

Ängstlich drängen sich die Walküren aneinander. Immerhin gewähren sie Brünnhilde, was sie Sieglinde versagten: sie nehmen die verfolgte Schwester in ihre Mitte. In kindlicher Naivität raten sie Brünnhilde, Wotans Ruf nicht zu beantworten. Ob sich die Walküren davon Erfolg versprechen, erfahren wir nicht. Wenn Brünnhilde vor der Nidation eine Schwangerschaft diagnostizieren kann,[322] dürfte Wotan auch ohne fremde Einhilfe herausfinden, wo sich seine Lieblingstochter aufhält.

(Ortlinde und Waltraute.)
Den Fels erreichten Roß und Reiter!

(Die Walküren durcheinander.)
Weh! Brünnhild'![323]
Rache entbrennt!

(Brünnhilde.)
Ach, Schwestern, helft!
Mir schwankt das Herz:
sein Zorn zerschellt mich, wenn euer Schutz ihn nicht zähmt.

(Die Walküren.)
Hieher, Verlor'ne!
Lass dich nicht sehn!
(durcheinander.)
Schmiege dich an uns!
(Und) schweige dem Ruf!

Die Walküren ziehen sich zur Höhe der Felsspitze zurück, wo sie Brünnhilde wieder in ihre Mitte nehmen.

(Die Walküren.)
Weh!
Wütend schwingt sich Wotan vom Ross!
Hieher rast sein rächender Schritt!

---

[322] Siehe Tz 1118–1120.

[323] Die Walküren zitieren hier nur minimal verändert Wotans Ruf: *Steh! Brünnhild'!*

Alles, was besteht, muss untergehen, das ist das ewige Gesetz der Natur, das ist die Bedingung des Lebens.[324]

Zweite Szene

Wotan tritt in *höchster zorniger Aufgeregtheit aus dem Tann* heraus und *schreitet vor den Walküren, nach Brünnhilde spähend, heftig einher.* Als er sich nach Brünnhildes Aufenthalt erkundigt, tun die Walküren, als wüssten sie nicht, was Wotan erzürnt – eine Gesprächstaktik, die sie bei anderer Gelegenheit bei Wotan beobachtet haben mögen.[325]

(Wotan.)
Wo ist Brünnhild',
wo die Verbrecherin?
Wagt ihr, die Böse vor mir zu bergen?

(Die Walküren.)
Schrecklich ertost dein Toben!
Was taten, Vater, die Töchter,
dass sie dich reizten zu rasender Wut?

Die schlecht gespielte Ahnungslosigkeit der Walküren empört Wotan. Bildmächtig gebietet er den Walküren, Brünnhilde ebenso zu meiden, wie diese durch ihre Befehlsverweigerung den eigenen Wert als Walküre von sich geworfen habe. Beschämend kleinlaut räumen die Walküren ein, dass Brünnhilde zu ihnen floh. Und bestenfalls halbherzig bitten sie Wotan, seinen *ersten Zorn* zu bezähmen. Gegen eine Bestrafung der Schwester in Wotans „zweitem Zorn" hätten sie wohl nichts einzuwenden

(Wotan.)
Wollt ihr mich höhnen?
Hütet euch, Freche!
Ich weiß: Brünnhilde bergt ihr vor mir.
Weichet von ihr, der ewig Verworf'nen,
wie ihren Wert von sich sie warf!

---

324 Richard Wagner, *Die Revolution* (1849).

325 Siehe Wotans verlogene Fragestellungen in Tz 413, 419–422 sowie in *Rheingold* Tz 315.

(Die Walküren, durcheinander[326].)
Zu uns floh die Verfolgte;
unsren Schutz flehte sie an:
für die bange Schwester bitten wir nun / dich,
dass den ersten Zorn du bezähmst.

Die mutlose Bitte, die zugleich ein Verrat ist, besänftigt Wotan nicht. Zornig und nach antikem Vorbild[327] vermisst er im Chor der Walküren die Härte, zu der er die Walküren erzog. Dass deren kollektive Feigheit das Resultat einer Erziehung zu dem blinden Gehorsam sein dürfte, für dessen Abwesenheit in ihrer Person er Brünnhilde hart bestrafen will und wird, kommt Wotan nicht in den Sinn. Er poltert los und beklagt laut, was alle schon wissen und ohne Aussprache als sanktionswürdiges Vergehen akzeptieren: Brünnhilde hat das Schlimmste getan, was dem Anführer einer auf blinden Gehorsam angelegten Gemeinschaft widerfahren kann – sie hat gegen Wotans *heilige* Befehlsgewalt verstoßen.[328] Im zweiten Teil seines Wutausbruchs setzt Wotan viel daran, das besondere Gewicht von Brünnhildes Verfehlung zu begründen. Für aufmerksame Zuhörer unterstreicht Wotan dabei nochmals seinen eigenen Beitrag zu Brünnhildes Vergehen: nur weil Wotan in seinem Selbstgespräch vor Brünnhilde offenlegte, was er (entgegen seinem Brünnhilde erteilten Befehl) wirklich wollte, kam Brünnhilde in Versuchung, sich seinem Befehl zu widersetzen. Brünnhilde war nicht ungehorsam, obwohl, sondern *weil* Wotan ihr seinen eigenen Willen anvertraute.

(Wotan.)
Weichherziges Weibergezücht!
So matten Mut gewannt ihr von mir?
Erzog ich euch kühn zum Kampfe zu ziehn,
schuf ich die Herzen euch hart und scharf,
dass ihr Wilden nun weint und greint,
wenn mein Grimm eine Treulose straft?

---

[326] Und mit textlich jeweils geringfügigen Variationen.

[327] Wagner nimmt an dieser Stelle Anleihe bei der Scheltrede des Eteokles gegen die Weiber des Chores in den *„Sieben" des Aischylos*; siehe Wolfgang Schadewaldt, *Richard Wagner und die Griechen*, S. 381.

[328] Siehe Tz 1087. Was unter Wotans *Heilig Gebot* zu verstehen ist, wird weder an dieser noch an anderer Stelle explizit erläutert. Der Zusammenhang und Wotans wilder Zornausbruch in Tz 720–735 legen nahe, dass Wotan als *heiliges Gebot* von allen Untertanen und insbesondere den Walküren unbedingten Gehorsam fordert.

So wisst denn, Winselnde, was die verbrach,
um die euch Zagen[329] *die Zähre*[330] *entbrennt!*
Keine wie sie kannte mein innerstes Sinnen!
Keine wie sie wusste den Quell meines Willens!
Sie selbst war meines Wunsches schaffender Schoß:

Und so nun brach sie den seligen Bund,
dass treulos sie meinem Willen getrotzt,
mein herrschend Gebot offen verhöhnt,
gegen mich die Waffe gewandt,
die mein Wunsch allein ihr schuf![331]

Hörst du's, Brünnhilde?
Du, der ich Brünne, Helm und Wehr,
Wonne und Huld, Namen und Leben verlieh?
Hörst du mich Klage erheben,
und birgst dich bang dem Kläger,
dass feig du der Straf' entflöhst?

Wie Wotan kalkuliert haben wird, lässt sich Brünnhilde vielleicht manches, bestimmt aber nicht Feigheit nachsagen. Sie tritt aus dem Kreis ihrer Schwestern hervor und schreitet *demütigen, doch festen Schrittes* von der Felsspitze herab und bleibt in geringer Entfernung vor Wotan stehen.

(Brünnhilde.)
Hier bin ich, Vater;
gebiete die Strafe!

Ohne Zögern verkündet Wotan die Höchststrafe für eine Göttin. Brünnhilde ist nicht länger Walküre und wird aus Walhall verbannt. So bemerkenswert wie die Härte der Strafe ist die Begründung, mit der Wotan seinen Strafausspruch versieht. Hört man genau hin, distanziert er sich von der Sanktion, bevor er sie verlautbart. Nicht er will die Strafe verhängt haben; Brünnhilde habe sich ihre Strafe

---

329 Mutlose.

330 Träne.

331 Die von Wotan so genannte *Waffe* sind seine eigenen Wünsche, die er Brünnhilde in seinem Selbstgespräch in Tz 573–668 aus Bekenntnisdrang anvertraute.

selbst geschaffen – glaubt Wotan das wirklich?[332] In sechs bildmächtigen Doppelversen zählt Wotan auf, was er für Brünnhildes Vergehen hält. Im gleichen Stil beschreibt er in vier weiteren Doppelversen die Straffolgen. Inhaltlich aus dem Rahmen fallen die ersten beiden Doppelverse zu den Straffolgen.[333] In diesen Versen entlässt Wotan die Verbannte in eine Freiheit, die ihr in Walhall nicht zukam. Während Brünnhildes bisheriges Dasein durch Wotan bestimmt wurde, liegt ihr Schicksal zukünftig in ihren eigenen Händen.

(Wotan.)
Nicht straf' ich dich erst;
deine Strafe schufst du dir selbst.

Durch meinen Willen warst du allein: gegen mich doch hast du gewollt;
meine Befehle nur führtest du aus: gegen mich doch hast du befohlen;
Wunsch-Maid warst du mir: gegen mich doch hast du gewünscht;
Schild-Maid warst du mir: gegen mich doch hobst du den Schild;
Los[334]-Kieserin warst du mir: gegen mich doch kiestest du Lose;
Helden-Reizerin warst du mir: gegen mich doch reiztest du Helden.

Was sonst du warst, sagte dir Wotan:
was jetzt du bist, das sage dir selbst!
Wunschmaid bist du nicht mehr;
Walküre bist du gewesen:
nun sei fortan, was so du noch bist!

Brünnhilde wird mit einer empfindlichen Strafe gerechnet haben. Doch die unerwartete Härte der Sanktion erschreckt und überrascht sie.[335]

(Brünnhilde, heftig erschreckend.)
Du verstößest mich;
versteh' ich den Sinn?

Wotans – zweimal von wehklagenden Zwischenrufen der Walküren unterbrochene und darum dreiteilig wirkende – Antwort ist nieder-

[332] Zumindest nicht fern liegt, dass sich in der drakonischen Härte der Strafe neben Wotans Wut über Brünnhildes Verhalten auch Scham und Wut über sein eigenes Verhalten abbilden.

[333] Siehe Tz 1224f.

[334] Schlachtlos.

[335] Siehe Tz 1229f., 1243, 1276–1287.

schmetternd. Zwar fügt er der verkündeten Strafe nichts mehr hinzu. Doch malt er deren Konsequenzen für die Bestrafte so anschaulich und in für ihn untypisch lyrischer Stimmführung auch so wehmütig aus, dass Wort und Musik keinen Zweifel lassen, wie gründlich Wotan die verhängte Sanktion zu Ende gedacht hat und wie vergeblich darum jede Bitte um Strafmilderung erscheint. Vor dem ersten Zwischenruf der Walküren beschreibt Wotan, was die Strafe in Walhall verändern wird.

(Wotan.)
Nicht send' ich dich mehr aus Walhall;
nicht weis' ich dir mehr Helden zur Wal;
nicht führst du mehr Sieger in meinen Saal:
bei der Götter trautem Mahle
das Trinkhorn nicht reichst du traulich mir mehr;
nicht kos' ich dir mehr den kindischen Mund;

von göttlicher Schar bist du geschieden,
ausgestoßen aus der Ewigen Stamm;
gebrochen ist unser Bund:
aus meinem Angesicht bist du verbannt!

(Die Walküren, in Jammer ausbrechend.)
Wehe! Weh'!
Schwester! Ach Schwester!

(Brünnhilde.)
Nimmst du mir alles, was einst du gabst?

Zum zweiten beschreibt Wotan, wie er sich die Verwandlung der Göttin zur Menschenfrau vorstellt. Erneut zieht sich Wotan dabei in die Rolle des Überbringers einer fremden Botschaft zurück. So wenig er die Strafe verhängt haben will, so wenig will Wotan der verbannten Tochter nehmen, was er ihr einst gab – insbesondere nicht deren Göttlichkeit. Die Transformation zur Menschenfrau will Wotan dem Mann überlassen, der Brünnhilde eines Tages *in wehrlosem Schlaf finden* und überwältigen werde.[336] Entehrender kann die Bestrafung einer Göttin kaum ausfallen.[337]

---

[336] Dieser Teil der Strafe wird Brünnhilde – für Siegfried völlig unverständlich – in der Schlussszene des *Siegfried* schwer zu schaffen machen; siehe *Siegfried* Tz 1665–1685.

[337] Siehe Frickas Urteil über „*Knechte*" in Tz 514–517.

(Wotan.)
Der dich zwingt, wird dir's entziehn!
Hieher auf den Berg banne ich dich;
in wehrlosen Schlaf schließ' ich dich fest;
der Mann dann fange die Maid,
der am Wege sie findet und weckt.

In einem chaotischen Stimmgewirr betteln die Walküren um Milde. Dabei argumentieren sie ähnlich egozentriert wie Fricka gegenüber Wotan: der Schatten der entehrenden Strafe, machen sie geltend, werde alle Walküren treffen.[338]

(Die Walküren, durcheinander.)
Halt' ein! Halt' ein! O Vater!
Halt' ein den Fluch! Hör' unser Flehn!
Soll die Maid verblühn und verbleichen dem Mann?
Schrecklicher Vater! Wende die Schmach!

Ach, wende, du Schrecklicher, wende, ach wende
von ihr diese schreiende Schmach, wend' ab die Schmach!
Wie die Schwester träfe uns selber der Schimpf,
soll die heilige Maid verblühn und verbleichen dem Mann;
wie die Schwester träf' uns selbst auch ihr Schimpf!

Das selbstbezogene Gnadengesuch der Walküren[339] ficht Wotan nicht an. Im dritten Teil seiner Antwort malt er in geradezu genüsslicher Anschauung die praktischen Folgen der Strafe für Brünnhildes künftig irdisches Dasein aus: statt mit Walküren stolz durch die Lüfte zu reiten, werde Brünnhilde künftig zu jedermanns Spott brav am Spinnrad sitzen. Sobald seine fantasievolle Beschreibung den Zuhörerinnen den erhofften Schock versetzt hat, treibt Wotan die Walküren davon.[340] Und er droht ihnen: wer es künftig wagen sollte, Brünnhildes Nähe zu suchen, werde ihr Schicksal teilen.[341] Dieser göttliche Zornausbruch trennt Brünnhildes Weg für immer von dem ihrer Schwestern. Bis auf Waltraute[342] wird keine die Verbannte wiedersehen. Und Brünnhildes Wiederbegegnung

---

[338] Siehe Tz 547–551.

[339] Vergleiche den markanten Kontrast zum altruistisch motivierten Widerstand Siegmunds in Tz 865–872.

[340] Vergleiche Alberichs ähnlichen Umgang mit den Nibelungen in *Rheingold* Tz 692–701.

[341] Siehe *Götterdämmerung* Tz 384–389, 392–394, 396.

[342] Siehe *Götterdämmerung* Tz 384ff.

mit Waltraute in der dritten Szene des ersten Aufzugs der *Götterdämmerung* wird überschattet sein von einer fundamentalen Entfremdung der einst vertrauten Schwestern.

(Wotan.)
Hörtet ihr nicht, was ich verhängt?
Aus eurer Schar ist die treulose Schwester geschieden;
mit euch zu Ross durch die Lüfte nicht reitet sie länger;
die magdliche Blume[343] *verblüht der Maid;*
ein Gatte gewinnt ihre weibliche Gunst,
dem herrischen Manne gehorcht sie fortan;
am Herde sitzt sie und spinnt – aller Spottenden Ziel und Spiel.

Brünnhilde sinkt mit einem Schrei zu Boden, die Walküren weichen entsetzt von ihrer Seite.

(Wotan.)
Schreckt euch ihr Los?
So flieht die Verlorne;
weichet von ihr, und haltet euch fern!

Wer von euch wagte, bei ihr zu weilen,
wer mir zum Trotz zu der Traurigen hielt',
die Törin teilte ihr Los: das künd' ich der Kühnen an.

Fort jetzt von hier;
meidet den Felsen!
Hurtig jagt mir von hinnen,
sonst erharrt Jammer euch hier!

Mit wildem Wehgeschrei

(Die Walküren.)
Weh!

fahren die Walküren auseinander und *stürzen in hastiger Flucht in den Tann*. Kurz darauf *bricht ein greller Blitz durch das Gewölk*; in ihm sieht man die Walküren dicht zusammengedrängt wild auf ihren Flugpferden davonjagen. Nach und nach legt sich der Sturm; die Gewitterwolken verziehen sich. *In der folgenden Szene bricht bei ruhigem Wetter Abenddämmerung herein, der am Schlusse Nacht folgt.*

---

[343] Die Jungfräulichkeit.

The idea that the pursuit or exercise of power is incompatible with love and the capacity for love is basic to ‚The Ring‘.[344]

Dritte Szene

Wotan und Brünnhilde sind allein auf dem Walkürenfelsen zurückgeblieben. Brünnhilde liegt regungslos ausgestreckt zu Wotans Füßen, der ausweichend zur Seite blickt. Nach längerem Schweigen hebt Brünnhilde langsam ihren Kopf und sucht Wotans abgewandten Blick. Mit drei Fragen eröffnet sie, *schüchtern beginnend*, ein Gespräch, das ein Abschiedsgespräch werden wird. Die Fragen zielen auf Wotans Beitrag zu einer Befehlsverweigerung, die genau genommen nur einen inneren Konflikt Wotans abbildet.

(Brünnhilde.)
War es so schmählich, was ich verbrach,
dass mein Verbrechen so schmählich du bestrafst?
War es so niedrig, was ich dir tat,
dass du so tief mir Erniedrigung schaffst?
War es so ehrlos, was ich beging,
dass mein Vergehn nun die Ehre mir raubt?

O sag', Vater!
Sieh' mir ins Auge;
schweige den Zorn, zähme die Wut,
und deute mir klar die dunkle Schuld,
die mit starkem Trotze dich zwingt,
zu verstoßen dein trautestes Kind?

Ähnlich wie im Streitgespräch mit Fricka unterschätzt Wotan die Brisanz der ihm gestellten Fragen. Er gibt sich und ist wohl auch überzeugt, dass Brünnhildes Befehlsverweigerung streng bestraft werden muss. Boshaft könnte man soufflieren, dass er in dieser Hinsicht von Fricka gelernt zu haben scheint. Denn Wotan argumentiert ähnlich buchstabengetreu, wie Fricka das tat, als Wotan ihr Engstirnigkeit vorhielt.[345] Mit einem Wortwechsel, der drei kurze Statements Wotans und drei ähnlich kurze Erwiderungen Brünnhildes umfasst, führt uns Wagner zu einem gedanklichen

---

[344] Bryan Magee, *Wagner and Philosophy,* S. 113.
[345] Siehe Tz 472–477.

Höhepunkt der Tetralogie: Wotans untauglichen Versuch, die widerständige Tochter mit dem vermeintlichen Unwert ihres Handelns zu beschämen,

(Wotan.)
Frag' deine Tat, sie deutet dir deine Schuld!

pariert Brünnhilde mit einer listigen Erwiderung. So, wie Wotan auf ihr Tun verweist, verweist sie auf seinen Befehl, den sie befolgte.

(Brünnhilde.)
Deinen Befehl führte ich aus.

Mit seiner nächsten Frage verfängt sich Wotan in Brünnhildes geschickt gespanntem Netz. Denn seine Frage nach dem Inhalt seines Befehls

(Wotan.)
Befahl ich dir, für den Wälsung zu fechten?

kontert Brünnhilde mit einer gehorsam wirkenden Antwort,

(Brünnhilde.)
So hießest du mich als Herrscher der Wal!

die es in sich hat. Der anerkennend klingende Hinweis *als Herrscher der Wal* nimmt den Kern von Brünnhildes gleich näher ausgeführter Kritik und Analyse von Wotans Verhalten vorweg. Im Kern lautet diese Kritik: nur als Wotan ihr vor seinem Streitgespräch mit Fricka befahl, Siegmund zu unterstützen, nicht aber, als er diesen Befehl nach dem Streitgespräch zurücknahm, war Wotan Herr seiner selbst. Wotan scheint dieser kritische Unterton zu entgehen. Denn er hält Brünnhilde reichlich vordergründig entgegen:

(Wotan.)
Doch meine Weisung nahm ich wieder zurück!

Auf diese Replik präzisiert Brünnhilde ihre Kritik: Wotans Befehl, Siegmund zu töten, entsprach nicht Wotans Willen, sondern nur Frickas Befehl. Als Wotan ihr befahl, für Hunding zu kämpfen, war er sich selbst Feind.

(Brünnhilde.)
Als Fricka den eig'nen Sinn dir entfremdet;
da ihrem Sinn du dich fügtest,
warst du selber dir Feind.

Mit Wotans sprachlich höchst konzentrierter und auf den ersten Blick rätselhafter Entgegnung befinden wir uns im gedanklichen Zentrum der *Walküre.* Wotans Antwort besteht aus fünf Halbsätzen mit jeweils eigenständigem Aussagegehalt: (1) Wotan ging davon aus, dass Brünnhilde seinen Befehl, Siegmund zu töten, verstanden habe. (2) Seine Strafe galt und gilt darum Brünnhildes vorsätzlicher Befehlsverweigerung. (3) Brünnhildes jetziger Erklärung entnimmt Wotan, dass Brünnhilde seinen Befehl nicht, wie er dachte, aus Ungehorsam missachtete, sondern weil sie annahm, Wotan habe ihr – *feige und dumm* Fricka nachgebend – etwas befohlen, was er eigentlich gar nicht wollte. (4) Wenn das richtig sein sollte, fährt Wotan im vierten Halbsatz fort, habe Brünnhilde ihn – anders als er dachte – nicht vorsätzlich verraten, sondern allenfalls beleidigt. (5) Darum fragt (sich) Wotan nun, ob Brünnhilde, wenn sie seinen Befehl nur wohlmeinend missachtete, seines redlichen Zornes wert sei.[346]

(Wotan.)
Dass du mich verstanden, wähnt' ich,
und strafte den wissenden Trotz;
doch feig und dumm dachtest du mich:
so hätt' ich Verrat nicht zu rächen,
zu gering wärst du meinem Grimm?

Da Wotans (erster) Zorn erkennbar abgeklungen ist, legt Brünnhilde nunmehr ausführlich ihre Sicht der Dinge dar. Sie hält Wotan einen inneren Zwiespalt zugute: nach seinem Gespräch mit Fricka stand Wotans Liebe zu Siegmund (*das Eine*) gegen die von Fricka beschworene Bedrohung der göttlichen Weltherrschaft (*das Andre*). In diesem Zwiespalt gab Wotan, wie Brünnhilde ihm nachsichtig zugutehält, *schmerzlich* der göttlichen Weltordnung (und, wie kritisch hinzuzufügen wäre, seinem persönlichen Machtstreben) den Vorzug gegenüber der Sohnesliebe.

---

346 In Wagners großem *Prosaentwurf Die Walküre* lautete die Stelle sprachlich deutlicher noch wie folgt: *Ha, ich wähnte du habest mich ganz verstanden, und zürnte darob, dass du dennoch mir trotztest: jetzt seh' ich wohl, du hieltest mich für albern; für die Beleidigung hätt' ich kaum zu strafen, denn zu gering wärest du mir!*

(Brünnhilde.)
Nicht weise bin ich;[347]
doch wusst' ich das Eine –
dass den Wälsung du liebtest.

Ich wusste den Zwiespalt, der dich zwang,
diess Eine[348] *ganz zu vergessen.*
Das Andre[349] *musstest einzig du sehn,*
was zu schauen so herb schmerzte dein Herz,
dass Siegmund Schutz du versagtest.

Wotan ist von Brünnhildes Klarsicht und ihrem Mut beeindruckt.

(Wotan.)
Du wusstest es so,
und wagtest dennoch den Schutz?[350]

Brünnhilde relativiert die väterliche Anerkennung. Was Wotan ihrem Mut zugutehält, führt sie bescheiden auf ihre Begegnung mit Siegmund zurück. Während Wotan im Konflikt zwischen Liebe (*das Eine*) und Macht (*das Andre*) bedrückt der Macht den Vorzug gegeben und der Liebe *ratlos den Rücken* gewandt habe, entschied sich Brünnhilde unter dem Eindruck ihrer Begegnung mit Siegmund für die Liebe.[351] Siegmunds standhafte Liebeskonsequenz beeindruckte Brünnhilde so tief, dass sie mit Siegmund *Sieg oder Tod* teilen wollte. Diesen Einblick in ihre Gedanken und Gefühle schließt Brünnhilde mit einer überraschenden Erklärung ihrer Motivlage: das Mitgefühl, das ihren Ungehorsam speiste, will sie Wotan zu verdanken haben. Er habe sie gelehrt, Siegmund zu lieben. Mit dieser Erklärung Brünnhildes schließt sich ein Kreis: Wotan hat nicht nur in grauer Vorzeit seiner Machtgier das Mitgefühl (die

---

[347] Siehe die Sinnparallelen in *Rheingold* Tz 338f., *Walküre* Tz 1353f. sowie *Siegfried* Tz 1340–1342.

[348] Wotans Liebe zu Siegmund.

[349] Die göttliche Weltordnung.

[350] Das ist eine Anleihe bei Sophokles' *Antigone*. Dort spricht Kreon zu Antigone: *Doch aber scheulos übertratst du dies Gesetz?* – Näher zu dieser textlichen Anleihe: Torsten Meiwald, *Randbemerkungen*, S. 181f.

[351] Siehe dazu Richard Wagner in *Oper und Drama* in einer Betrachtung des *Mythos von Ödipus*: *Antigone verstand nichts von der Politik – sie liebte*; Wagner, GSD IV, S. 62ff.; näher dazu: Herfried Münkler, *Marx/Wagner/Nietzsche*, S. 321ff.

Liebe) geopfert;[352] laut Brünnhilde ist Wotan auch der Urheber der Entwicklung, die – auf der Bühne angestoßen durch Siegmunds liebesmotivierten Widerstand gegen Brünnhilde – den Untergang der Götter herbeiführen wird.

(Brünnhilde.)
Weil für dich im Auge das Eine[353] *ich hielt,*
dem, im Zwange des Andren[354] *schmerzlich entzweit,*
ratlos den Rücken du wandtest.

Die im Kampfe Wotan den Rücken bewacht,[355]
die sah nun das nur, was du nicht sahst.
Siegmund musst' ich sehn.

Tod kündend trat ich vor ihn,
gewahrte sein Auge, hörte sein Wort;
ich vernahm des Helden heilige Not;
tönend erklang mir des Tapfersten Klage:
freiester Liebe furchtbares Leid;
traurigsten Mutes mächtigster Trotz!

Meinem Ohr erscholl, mein Aug' erschaute,
was tief im Busen das Herz zu heil'gem Beben mir traf!
Scheu und staunend stand ich in Scham:
ihm nur zu dienen, konnt' ich noch denken;
Sieg oder Tod mit Siegmund zu teilen:
diess nur erkannt' ich zu kiesen als Los!

Der diese Liebe mir ins Herz gelegt,[356]
dem Willen, der dem Wälsung mich gesellt,[357]
ihm innig vertraut – trotzt' ich deinem Gebot.[358]

---

[352] Siehe Tz 580–587. Welche Form der *Liebe* bzw. *Minne* Wotan an der genannten Stelle beschwört, lassen seine ergänzenden Ausführungen in Tz 608–614 sowie zwanzig Jahre später Erdas Rückblick auf Wotans Besuche in *Siegfried* Tz 1338–1340 ermessen.

[353] Liebe (zu Siegmund).

[354] Der Macht(politik).

[355] Brünnhilde.

[356] Wotan.

[357] Wotans Wille.

[358] Das ist (wohl bewusst) doppeldeutig: Brünnhilde missachtete Wotans Befehl aus inniger Vertrautheit entweder mit *Wotans eigenem Willen* oder mit *dem Wälsung* (Siegmund). Hier wie an vielen anderen Stellen

Wotan lässt sich von dieser hellsichtigen Analyse nicht beirren. In der Pose eines verantwortungsbewussten Staatsmannes hält er Brünnhilde vor, dass sie im Wohlgefühl, das moralisch Richtige zu tun, gefühlig ihrem Herzen gefolgt sei. Er habe es dagegen *der Welt zuliebe* mit *brennendem Weh* und brechendem Herzen auf sich genommen, seine Liebe zu unterdrücken und Siegmund zu opfern. Dass es ihm nach Frickas bitterer Lehrstunde vor allem um eigenen Machterhalt ging, blendet Wotan gekonnt aus. Stattdessen leitet er aus seiner Analyse von Brünnhildes Motiven eine neue Begründung her, warum eine endgültige Trennung von Brünnhilde unumgänglich sei: wer – wie Wotan – in leitender Position pflichtbewusst denken und handeln muss, dürfe keinen Umgang mit Ratgebern pflegen, die *wonniger Rührung* nachgeben.

(Wotan.)
So tatest du,
was so gern zu tun ich begehrt –
doch was nicht zu tun,
die Not zwiefach[359] *mich zwang?*

So leicht wähntest du, Wonne des Herzens erworben,
wo brennend' Weh in das Herz mir brach,
wo grässliche Not den Grimm mir schuf,
einer Welt zu Liebe der Liebe Quell im gequälten Herzen
zu hemmen?[360]

Wo gegen mich selber ich sehrend mich wandte,
aus Ohnmacht Schmerzen schäumend ich aufschoss,

---

hat Wagner dem Ringtext erst im Zuge der Dichtung des ursprünglich in Prosa verfassten Textes eine fast musikalisch-schwingende Mehrdeutigkeit verliehen. Im großen *Prosaentwurf Die Walküre* lautete die Stelle noch bar jeden Deutungsspielraums: *Du hauchtest in mich die Liebe, die wider deinen Willen jetzt sich wandte.*

[359] Mit dem Ausdruck *zwiefach* spielt Wotan auf zwei Gründe für sein Verhalten an: zum einen auf seinen Eid gegenüber Fricka, zum anderen auf seine gefühlte Verantwortung für die göttliche Weltordnung. Das übersieht Peter Wapnewski, der den Ausdruck *zwiefach* wenig überzeugend mit einer sprachlichen Verlegenheit Wagners erklären will; siehe Peter Wapnewski, *Der Ring*, S. 145.

[360] Der göttlichen Weltordnung zuliebe stellte Wotan seine Liebe zu Siegmund hintan.

wütender Sehnsucht sengender Wunsch den schrecklichen
Willen mir schuf,
in den Trümmern der eig'nen Welt meine ew'ge Trauer zu enden:[361]

Da labte süß dich selige Lust;
wonniger Rührung üppigen Rausch
enttrankst du lachend der Liebe Trank,
als mir göttlicher Not nagende Galle gemischt?

Deinen leichten Sinn lass dich denn leiten:
von mir sagtest du dich los. Dich muss ich meiden;
gemeinsam mit dir nicht darf ich Rat mehr raunen;
getrennt, nicht dürfen traut[362] *wir mehr schaffen,*
so weit Leben und Luft, darf der Gott dir nicht mehr begegnen!

Brünnhilde widerspricht. Im Ton auffällig sanft leitet sie ihre Widerrede süffisant mit dem Hinweis ein, den Rat einer *törichten Tochter* habe Wotan wohl nicht benötigt. Im nächsten Halbsatz hält sie Wotan freundlich verklausuliert vor, dass auch Personen in Führungspositionen („Götter") nur tun sollten, was sie mit dem eigenen Gewissen vereinbaren können: *die staunend im Rate nicht dich verstand, wie (= wohingegen) mein eigner Rat nur das Eine mir riet – zu lieben, was du geliebt.* Was Brünnhilde tat, entsprach ihrer eigenen und Wotans Liebe zu Siegmund; Wotans Entscheidung gegen Siegmund verstand (und versteht) Brünnhilde dagegen nicht. Nach diesem Schlusswort zum unerschöpflichen Thema, wie viel oder wie wenig Liebe und/oder Moral (politische) Führung verträgt oder verlangt,[363] wechselt Brünnhilde das Thema und appelliert – vielleicht auch in der Einsicht, dass in den eben erörterten Grundsatzfragen ein Konsens nicht zu erzielen sein wird – höchst pragmatisch an Wotan: wenn denn eine endgültige Trennung sein müsse, bittet sie darum, die ihr beschiedene Strafe noch einmal zu überdenken. Das Muster von Brünnhildes erstem Argument ken-

---

[361] Das ist eine Kernaussage Wotans: Seit Fricka ihn *zwang*, Siegmund zu opfern, möchte Wotan seine Trauer (vielleicht auch die über seinen eigenen Verrat an Siegmund) in den Trümmern der Götterwelt begraben. Dieser innere Konflikt Wotans kulminierte in seinem Selbstgespräch vor Brünnhilde im sogenannten *Nibelungen-Segen*, siehe Tz 680–689 und 700–702, den Wotan später bereuen und zugunsten Siegfrieds zurücknehmen wird; siehe *Siegfried* Tz 1386–1390.

[362] Gemeinsam / vertraut.

[363] So pointiert Bryan Magee, *Wagner and Philosophy*, S. 112: *There can be no such thing as innocent politics.*

nen wir schon aus dem Mund der Walküren: da Brünnhilde ein Teil Wotans sei, würde ein Teil ihrer Schmach auf Wotan zurückfallen, falls er sie dem erstbesten Manne preisgäbe.[364]

(Brünnhilde.)
Wohl taugte dir nicht die tör'ge Maid,
die staunend im Rate nicht dich verstand,
wie mein eigner Rat nur das Eine mir riet:
zu lieben, was du geliebt.

Muss ich denn scheiden und scheu dich meiden,
musst du spalten, was einst sich umspannt,
die eigne Hälfte[365] *fern von dir halten,*
dass sonst sie ganz dir gehörte, du Gott, vergiss dess' nicht!

Dein ewig Teil[366] *nicht wirst du entehren,*
Schande nicht wollen, die dich beschimpft:
dich selbst ließest du sinken,
sähst du dem Spott mich zum Spiel!

Das ist brav gesprochen. Doch benennt Brünnhilde damit keinen Gesichtspunkt, den Wotan – der gedanklich immerhin schon bis zum Herd und zum Spinnrad vorgedrungen war[367] – noch nicht selbst bedacht haben dürfte. Seinen archaischen Maßstäben getreu und weit entfernt von seinem gegenüber Fricka gepriesenen Ideal, wirklich Neues zu wagen,[368] bleibt Wotan dabei, dass Brünnhildes Strafe spiegelbildlich[369] ihrem Vergehen entsprechen müsse. Da sie ungehorsam der Liebe (zu Siegmund) folgte, soll sie künftig dem Manne folgen müssen, den sie lieben muss. Dass diese Urteilsbegründung seinen eigenen (früheren?) Grundüberzeugungen diametral widerspricht,[370] scheint Wotan nicht aufzufallen oder nicht anzufechten.

---

[364] Siehe Tz 1249–1257.

[365] Brünnhilde.

[366] Brünnhilde.

[367] Siehe Tz 1263f.

[368] Siehe Tz 476f.

[369] Dieser Gedanke entspricht dem archaischen Talionsprinzip, wonach die Sanktion für eine Verfehlung möglichst spiegelbildlich dem Gewicht und der Art der sanktionswürdigen Verfehlung entsprechen soll.

[370] Siehe dazu etwa Wotans vermutlich aus eigener (Ehe-)Erfahrung gewonnenes Bekenntnis in Tz 427.

(Wotan.)
Du folgtest selig der Liebe Macht;[371]
folge nun dem, den du lieben musst!

Mit dieser Strafe wäre Brünnhilde inzwischen unter einer Voraussetzung einverstanden: Wotan soll sie nicht dem erstbesten *feigen Prahler* preisgeben.

(Brünnhilde.)
Soll ich aus Walhall scheiden,
nicht mehr mit dir schaffen und walten,
dem herrischen Manne[372] *gehorchen fortan:*
dem feigen Prahler gib mich nicht preis;
nicht wertlos sei er, der mich gewinnt!

Doch Wotan bleibt unbewegt. Untypisch für einen „Macher“ zögert er, den Gang der Dinge zu beeinflussen.

(Wotan.)
Von Walvater schiedest du;
nicht wählen darf ich für dich.

Wagners Rollenbilder sind weniger stereotyp, als manche Kritiker monieren. So wenig der oberste Anführer der Götter seiner Ehefrau im Gespräch gewachsen war, so wenig kann Wotan seiner Tochter im Gespräch das Wasser reichen.[373] Zielstrebig und beharrlich gelingt es Brünnhilde, Wotans drakonischen Strafspruch in einem zentralen Punkt ins Gegenteil zu verkehren: nicht der erstbeste Taugenichts, sondern allein der stärkste und edelste Held der Welt (also Siegfried)[374] soll Brünnhilde künftig erwecken können. Brünnhildes Plädoyer zu diesem Ziel verläuft zeitlich und thematisch gradlinig; wobei Brünnhilde später in weiblicher Bescheidenheit reklamieren wird, sie habe das Ziel ihrer Argumentation nur eher gefühlt als gedacht.[375] In einem ersten Schritt spricht Brünn-

---

[371] Brünnhildes (und Wotans) Liebe zu Siegmund.

[372] Siehe Tz 1263.

[373] Pointiert dazu Torsten Meiwald, *Randbemerkungen*, S. 202: *Während die männlichen Figuren vor allem ihren aktuellen Impulsen und Begierden folgen und oft ohne Kenntnis der Zusammenhänge durch das Geschehen irren, erscheinen Frauen sowohl als Bewahrerinnen uralter Kenntnisse und Erfahrungen als auch als in die Zukunft blickende Seherinnen.*

[374] Siehe Tz 1149–1151.

[375] Siehe *Siegfried* Tz 1618–1625.

hilde zunächst recht allgemein von den Wälsungen. Dann setzt sie in einem zweiten Schritt mit einem Hinweis auf Sieglinde, deren ungeborenes Kind und das Schwert Nothung nach. Beide Hinweise tut Wotan unwirsch und ausgesprochen phantasielos ab. Seine ablehnende Haltung weicht erst auf, als Brünnhilde das Gespräch im Sinne von Wotans (und vor allem Wagners eigenen) Präferenzen auf die Zukunft und etwas ganz Neues lenkt.[376] Ohne Siegfried namentlich zu nennen, verbindet Brünnhilde die eigene Zukunft und die des ungeborenen Kindes mit Wotans durch Siegmunds Tod vor knapp einer Stunde gescheitertem *Wälsungen*-Plan. Konkret schlägt Brünnhilde vor, dass sie in einer Neuauflage des Wälsungen-Plans gemeinsam mit Siegfried den Platz einnehmen könne, den Wotan ursprünglich Siegmund zugedacht hatte[377] – wenn man so will: Brünnhildes „großer Gedanke".[378] Ihren ersten und noch zaghaften Hinweis auf dieses Vorhaben

(Brünnhilde.)
Du zeugtest ein edles Geschlecht;
kein Zager kann je ihm entschlagen:
der weihlichste Held[379]*, ich weiß es,*
entblüht dem Wälsungen-Stamm!

lehnt Wotan brüsk und unverständig ab. Von den Wälsungen will sich Wotan ebenso endgültig getrennt haben, wie er sich nun endgültig von Brünnhilde trennen will. Das ist konsequent. Denn alle Hoffnungen, die Wotan einst mit den Wälsungen verband, sind für ihn mit Siegmunds Tod „gestorben".

---

[376] Siehe Tz 479–477.

[377] Siehe Tz 1160.

[378] So treffend in Anspielung auf Wagners Regieanweisung in *Rheingold* nach Tz 1150: Volker Mertens, *Der Ring*, S. 89. – Was in diesem Zusammenhang in Brünnhildes und in Wotans Kopf im Detail vorgeht und wie sich beide insbesondere die künftige Rollenverteilung zwischen Siegfried und Brünnhilde vorstellen, lässt der Text offen – vielleicht, weil Wotan und Brünnhilde das an dieser Stelle auch noch nicht so genau wissen. Bedenken beide das Dilemma, das Wotan Brünnhilde in Tz 651–668 unter vier Augen beschrieb? Wenn ja: wie wollen sie dieses Dilemma in der Neuauflage des Wälsungen-Plans lösen? Möglicherweise verspricht sich Brünnhilde 20 Jahre später von ihrer Unterrichtung Siegfrieds im Vorspiel der *Götterdämmerung* (siehe dort Tz 91f.) eine Lösung dieses Dilemmas. Dann allerdings hätte sie allen Anlass nachzuhaken, als Siegfried ihr gesteht, dass er mit dem Unterrichtsstoff nichts anfangen kann (siehe *Götterdämmerung* Tz 99f.).

[379] Siegfried.

(Wotan.)
Schweig' von dem Wälsungen-Stamm!
Von dir geschieden, schied ich von ihm;
vernichten musst' ihn der Neid![380]

Auch als Brünnhilde ihn auf Sieglindes künftigen Sohn, also auf Siegfried anspricht, bleibt Wotan abweisend.

(Brünnhilde.)
Die von dir sich riss[381]*, rettete ihn:*
Sieglinde hegt die heiligste Frucht[382]*;*
in Schmerz und Leid, wie kein Weib sie gelitten,
wird sie gebären, was bang sie birgt.

(Wotan.)
Nie suche bei mir Schutz für die Frau,
noch für ihres Schoßes Frucht!

Ebenso fruchtlos im Sande verläuft Brünnhildes Versuch, Wotan an seinen *großen Gedanken* im Finale des *Rheingold*[383] zu erinnern.

(Brünnhilde.)
Sie wahret das Schwert,
das du Siegmund schufest.

Heftig und unwillig schneidet ihr Wotan das Wort ab und umgibt sich hochmodern mit behaupteter Zeitnot – von der im Folgenden nicht mehr viel zu spüren sein wird.

(Wotan.)
Und das ich ihm in Stücke schlug!
Nicht streb', o Maid, den Mut[384] *mir zu stören;*
erwarte dein Los, wie sich's dir wirft;
nicht kiesen kann ich es dir.

Doch fort muss ich jetzt, fern mich verzieh'n;
zu viel schon zögert' ich hier:

---

[380] Frickas (aus Wotans Sicht: verräterische bzw. niederträchtige) Absicht.
[381] Brünnhilde.
[382] Den ungeborenen Siegfried.
[383] Siehe *Rheingold* Regieanweisung nach Tz 1150.
[384] Meinen (mutigen) Entschluss, dich strafend zu verbannen.

von der Abwendigen wend' ich mich ab;
nicht wissen darf ich, was sie sich wünscht;
die Strafe nur muss vollstreckt ich sehn!

Wotans Statement klingt wie ein Abschiedswort. Doch Brünnhilde gibt nicht auf. Mit dem Mut einer Verzweifelten, die nichts mehr zu verlieren hat, kehrt sie geschickt die Gesprächsrollen um. Statt länger zu fordern oder zu argumentieren, befragt sie Wotan – eigentlich höchst überflüssig – nach seinem ihr längst bekannten Strafplan.

(Brünnhilde.)
Was hast du erdacht, das ich erdulde?

Wotan wiederholt uniform, was er im Kreis der Walküren zu diesem Thema schon sagte.[385]

(Wotan.)
In festen Schlaf verschließ' ich dich:
wer so die Wehrlose weckt,
dem ward, erwacht, sie zum Weib!

Als enthielte die in dieser oder ähnlicher Form zu erwartende Antwort irgendeine Neuigkeit, stürzt Brünnhilde vor Wotan auf die Knie. Dabei formuliert sie einen Vorschlag, der Wotan einen *freiesten Helden* gäbe, wenn er Brünnhilde gewährte, was sie erbittet: Zugang zum Walkürenfelsen einzig für den *furchtlos freiesten Helden*.[386]

(Brünnhilde.)
Soll fesselnder Schlaf fest mich binden,
dem feigsten Manne zur leichten Beute:
diess Eine musst du erhören,
was heil'ge Angst zu dir fleht:

Die Schlafende schütze mit scheuchenden Schrecken,
dass nur ein furchtlos freiester Held
hier auf dem Felsen einst mich fänd'!

---

385 Siehe Tz 1244–1248.

386 Brünnhildes Vorschlag greift ein Motiv aus Wagners Quelltexten auf. In den *Heldenliedern der älteren Edda*, Das Sigrdrifalied, Strophe 4 heißt es: *Aber ich sagte ihm, dass ich dagegen ein Gelübde ablegte, mich mit keinem Manne zu vermählen, der sich fürchten könne.* Ähnlich lautet es in der *Völsungensaga* im 21. Gesang: *Ich aber tat ein Gelübde dagegen, mich keinem zu vermählen, der sich fürchten könnte.*

An wen Brünnhilde bei diesem Vorschlag denkt, souffliert das Orchester: Siegfried. Wotan überhört die musikalische Verständnishilfe. Darum erfasst er nicht, dass Brünnhildes Vorschlag seinem Wälsungen-Plan in zweiter Auflage eine bessere Erfolgschance verleihen könnte als in erster Auflage mit Siegmund. Denn anders als Siegmund könnte Siegfried frei von Wotans göttlichem Einfluss aufwachsen. Wie Dahlhaus richtig bemerkt: *Siegfried ist, ohne Wotans Schutz, frei vom Göttergesetz, statt wie Siegmund, angestiftet von Wotan, gegen das Gesetz zu verstoßen, um ihm dann zu verfallen.*[387] Unverständig wehrt Wotan den Vorschlag ab.

(Wotan.)
Zu viel begehrst du, zu viel der Gunst!

Darauf umfasst Brünnhilde Wotans Knie und trägt ihren Vorschlag deutlicher vor. Haarklein erklärt sie dem Weltenlenker, was er tun könnte und tun müsste, um nochmals einem freien Helden die Chance zu geben, die Götter und die Welt vom Ringfluch zu erlösen.

(Brünnhilde.)
Diess Eine musst du gewähren!
Zerknicke dein Kind, das dein Knie umfasst,
zertritt die Traute, zertrümmre die Maid;
ihres Leibes Spur zerstöre dein Speer:
doch gib, Grausamer, nicht der grässlichsten Schmach sie preis!

(Mit wilder Begeisterung.)
Auf dein Gebot entbrenne ein Feuer;
den Fels umglühe lodernde Glut;
es leck' ihre Zung', es fresse ihr Zahn den Zagen,
der frech sich wagte, dem freislichen[388] *Felsen zu nahn!*

Diesmal begreift Wotan, worauf Brünnhilde hinauswill. Wie in früheren Zeiten, in denen er sich wortlos mit seinem vertrautesten Kind[389] verstand, blickt er Brünnhilde *überwältigt und tief ergriffen* an, erhebt sie von ihren Knien *und blickt ihr gerührt in das Auge*. Wotans ausführlicher Abschiedsgruß zeugt von aufrichtiger Hochachtung und inniger Vaterliebe – sowie von einem bemerkenswerten Mangel an Zeitnot.[390]

---

[387] Carl Dahlhaus, *Wagners Musikdramen*, S. 173f.

[388] Gefährlich.

[389] Siehe Tz 1200–1202 und 1287.

[390] Siehe Tz 1393f. – je nach Dirigat dauert Wotans Abschiedsgruß 15–20 Minuten, ohne dass Brünnhilde noch einmal das Wort ergreift.

(Wotan.)
Leb' wohl, du kühnes herrliches Kind!
Du meines Herzens heiligster Stolz!
Leb wohl! Leb wohl! Leb wohl!

Muss ich dich meiden,
und darf nicht minnig mein Gruß dich mehr grüßen;
sollst du nun nicht mehr neben mir reiten,
noch Met beim Mahl mir reichen;
muss ich verlieren dich, die ich liebe,
du lachende Lust meines Auges:

Ein bräutliches Feuer soll dir entbrennen,
wie nie einer Braut es gebrannt!
Flammende Glut umglühe den Fels;
mit zehrenden Schrecken scheuch' es den Zagen;
der Feige fliehe Brünnhildes Fels!

Denn Einer nur freie die Braut,
der freier als ich, der Gott!

Brünnhilde sinkt gerührt und begeistert an Wotans Brust; er *hält sie lange umfangen*. Dann beschreibt er in bewegten Worten, wovon noch nicht die Rede war: den väterlichen Preis für die Verbannung der Lieblingstochter aus Walhall. Sieht man über das göttliche Pathos hinweg, artikuliert Wotan hier einen seelischen Selbstmord.

(Wotan.)
Der Augen leuchtendes Paar, das oft ich lächelnd gekost,
wenn Kampfes-Lust ein Kuss dir lohnte,
wenn kindisch lallend der Helden Lob von holden Lippen dir floss;
dieser Augen strahlendes Paar, das oft im Sturm mir geglänzt,
wenn Hoffnungssehnen das Herz mir sengte,
nach Weltenwonne mein Wunsch verlangte
aus wild webendem Bangen:

Zum letzten Mal letz' es mich heut mit des Lebewohles letztem Kuss!
Dem glücklichern Manne glänze sein Stern[391]*:*
dem unseligen Ew'gen[392] *muss es scheidend sich schließen.*

[391] Der Augen leuchtendes Paar.
[392] Wotan selbst.

(Er fasst ihr Haupt in beide Hände.)

Denn so kehrt der Gott sich dir ab,
so küsst er die Gottheit von dir![393]

Wotan küsst Brünnhilde lange auf beide Augen, *die ihr sogleich verschlossen bleiben.*[394] Sie *sinkt sanft ermattend in seinen Armen zurück.* Wotan geleitet sie *zart auf einen niedrigen Mooshügel*, über den sich eine breitästige Tanne ausstreckt.[395] Noch einmal betrachtet er ihre Züge, dann schließt er ihr den Helm. *Sein Blick weilt schmerzlich auf der Gestalt der Schlafenden*, die er mit dem großen Stahlschild der Walküren zudeckt. Langsam kehrt er sich ab; mit einem schmerzlichen Blick wendet er sich noch einmal um. Dann schreitet er mit feierlichem Entschluss in die Mitte der Bühne und kehrt die Spitze seines Speeres gegen einen *mächtigen Felsstein*. In dieser Haltung ruft er mit einem zwingenden Bannspruch nach Loge.

(Wotan.)
Loge, hör'!
Lausche hieher!
Wie zuerst ich dich fand als feurige Glut,
wie dann einst du mir schwandest als schweifende Lohe;
wie ich dich band, bann' ich dich heut'!

Herauf, wabernde Lohe.
Umlodre mir feurig den Fels!

Während des folgenden Orchesterspiels schlägt Wotan dreimal mit seinem Speer auf den *mächtigen Felsstein*. Nach dem ersten Stoß, den Wotan mit Schweigen, und nach dem zweiten Stoß, den Wotan lediglich mit dem Namensruf des Feuergottes

---

[393] Diese Aussage ist mehrdeutig. Erste Lesart: Wotan küsst wehmütig das Noch-Göttliche in Brünnhilde. Zweite Lesart: Wotan tilgt durch seinen Kuss Brünnhildes Göttlichkeit; er küsst ihre Göttlichkeit weg. Verschiedene Textstellen sprechen für die erste Lesart und dafür, dass Brünnhilde ihre Göttlichkeit endgültig erst durch Siegfrieds liebende Zuwendung verlieren wird; siehe Tz 1244 und *Siegfried* Tz 1669–1672. Während der Bühnenproben zur Bayreuther Uraufführung soll Wagner Wert darauf gelegt haben, dass die Zuschauer sehen müssten, wie Wotan bei diesen Worten das erste Mal der Speer aus der Hand fällt; Heinrich Porges, *Die Bühnenproben,* Die Walküre, S. 38.

[394] Ebenfalls durch einen Kuss wird Siegfried die Schlafende wieder erwecken; *Siegfried* Tz 1558–1581.

[395] Vergleiche die Regieanweisung in *Götterdämmerung* vor Tz 1.

(Wotan.)
Loge!

begleitet, geschieht nichts. Erst als Wotan seinen dritten Speerstoß mit dem klaren Befehl

(Wotan.)
Loge! Hieher!

begleitet, entfährt dem Stein ein Feuerstrahl, der nach und nach zu einem Feuerwall um die Schlafende anschwillt. Als Wotan von einer *wild flackernden Feuersbrunst* umgeben wird, weist er dem Feuermeer mit seinem Speer gebieterisch den äußeren Rand des Walkürenfelsens zu. Vom Orchester unterlegt mit dem *Siegfried*-Motiv streckt Wotan seinen Speer zu einem Bannspruch aus: nur wer seines *Speeres Spitze* nicht fürchtet, soll den Feuerring überwinden können.

(Wotan.)
Wer meines Speeres Spitze fürchtet,
durchschreite das Feuer nie!

Durch eine Reihe weiterer geeigneter Vorkehrungen wird Wotan nicht dem Zufall überlassen, wer diese Vorbedingung am kommenden Ringabend einzig erfüllen kann und denn auch erfüllen wird. Wotan blickt wehmütig auf Brünnhilde. Schließlich wendet er sich langsam zum Gehen. Nach wenigen Schritten blickt er noch einmal zurück, ehe er – *das Feuer gelassen durchquerend* – im Hintergrund verschwindet. Der Vorhang fällt.

Literaturverzeichnis

Udo Bermbach (Hrsg.), „Alles ist nach seiner Art“, Figuren in Richard Wagners „Der Ring des Nibelungen“, Stuttgart/Weimar 2001

Pierre Boulez/Patrice Chéreau, Der „Ring“: Bayreuth 1976–1980, München 1988

Deryck Cooke, I Saw the World End, A study of Wagner's Ring, London 1979

Carl Dahlhaus, Richard Wagners Musikdramen, Zürich/Schwäbisch Hall, 2. Aufl. 1985

Robert Donington, Wagner's „Ring“ and its Symbols, London 1974

Richard Fricke, Eindrücke und Erlebtes in Bayreuth 1876, Nachdruck mit einem Nachwort von Joachim Herz, Stuttgart 1983

André Glucksmann, Die Meisterdenker, Reinbek 1978

Martin Gregor-Dellin, Richard Wagner, München 1980

Die Heldenlieder der Älteren Edda, Arnulf Krause (Hrsg.), Ditzingen 2020

Joachim Kaiser, Leben mit Wagner, München 2013

Josef Lehmkuhl, „... kennst du genau den Ring?“, Würzburg 2006

Bryan Magee, Aspects of Wagner, Oxford 1988

Bryan Magee, Wagner and Philosophy, London 2000

Carl-Heinz Mann, Gerechtigkeit für Wotan – Richard Wagners „Der Ring des Nibelungen“ und seine Helden, Frankfurt a.M. 2003

Thomas Mann, Wagner und unsere Zeit. Aufsätze, Betrachtungen, Briefe, hrsg. von Erika Mann, Frankfurt a.M. 1963

Hans Mayer, Richard Wagner, Frankfurt am Main 1998

Ernst Meinck, Die sagenwissenschaftlichen Grundlagen der Nibelungendichtung Richard Wagners, Berlin 1892

Torsten Meiwald, Randbemerkungen zu Richard Wagners Ring des Nibelungen, Westerstede 2015

Volker Mertens, Wagner – Der Ring des Nibelungen, Kassel 2013

Ulrich Müller/Peter Wapnewski (Hrsg.), Richard-Wagner-Handbuch, Stuttgart 1986

Herfried Münkler, Marx, Wagner, Nietzsche – Welt im Umbruch, Berlin 2021

Das Nibelungenlied, Ursula Schulze/Siegfried Grosse (Hrsg./Übers.), Ditzingen 2010

Heinrich Porges, Die Bühnenproben zu den Bayreuther Festspielen des Jahres 1876, Leipzig 1896

Alex Ross, Die Welt nach Wagner, Hamburg 2020

Wolfgang Schadewaldt, Richard Wagner und die Griechen, Drei Bayreuther Vorträge in: ders. Hellas und Hesperien, Band 2, S. 341–405, Stuttgart 1970

Roger Scruton, The Ring of Truth – The Wisdom of Wagner's Ring of the Nibelung, London 2016

Hans Rudolf Vaget (Hrsg.), Im Schatten Wagners – Thomas Mann über Richard Wagner, Texte und Zeugnisse 1895–1955, Frankfurt a.M. 1999

Die Völsungensaga, Paul Herrmann (Übers.), 1923.

Richard Wagners Gesammelte Schriften und Briefe, hrsg. von Julius Kapp und Emerich Kastner, Leipzig 1914

Richard Wagner, Gesammelte Schriften und Dichtungen („GSD“), 10 Bände, Leipzig 1888

Richard Wagner, Mein Leben, hrsg. von Martin Gregor-Dellin, München 1983

Richard Wagner, Die Walküre, WWV 86 B, Partitur, hrsg. von Christa Jost, London 2009

Richard Wagner, Skizzen und Entwürfe zur Ring-Dichtung, hrsg. von Otto Strobel, München 1930

Peter Wapnewski, Der Ring des Nibelungen, München 1995